Comprendre

le cancer

de la prostate

Comprendre le cancer de la prostate

RÉDIGÉ PAR COLETTE PELLERIN

SOUS LA DIRECTION DES Drs MICHAEL McCORMACK ET FRED SAAD

PRÉFACE DU Dr ARMEN G. APRIKIAN

ROGERS

Catalogage avant publication de Bibliothèque et Archives Canada

McCormack, Michael, 1953-   .

Comprendre le cancer de la prostate

ISBN 2-922260-13-5

1. Prostate - Cancer. 2. Prostate - Cancer - Traitement.

I. Saad, Fred, 1960-   . II. Pellerin, Colette, 1966- . III. Titre.

RC280.P7M22 2004   616.99'463   C2004-941485-2

Conception graphique : Dino Peressini

Mise en pages : Folio infographie

© Rogers Media, 2004

1200, avenue McGill College

Bureau 800

Montréal (Québec) H3B 4G7

Tél. : (514) 843-5141 ; fax : (514) 845-2183

Dépôt légal : 4ᵉ trimestre

Bibliothèque nationale du Québec, 2004

Bibliothèque nationale du Canada, 2004

Imprimé au Canada

Je dédie ce livre aux hommes qui sont atteints du cancer de la prostate et à leur famille. Je le dédie aussi à mes enfants Alie, Sophie et Marie-Hélène, et à ma merveilleuse épouse Marie-Claude. Merci pour leur soutien et leurs encouragements dans la poursuite de mes activités universitaires.

Dr Michael McCormack

Je dédie ce livre à tous mes patients, qui m'ont permis de comprendre combien la vie est précieuse et qui me font me sentir utile dans leur combat contre le cancer de la prostate. Il est aussi dédié à mes enfants Geneviève, Julien, Véronique et Simon, et à ma magnifique épouse Rachel, que je remercie d'accepter que je consacre autant de temps à la recherche et au traitement du cancer de la prostate ainsi qu'à écrire et à parler sur ce sujet.

Dr Fred Saad

Nous tenons également à souligner l'excellent travail de Mmes Annika Parance et Colette Pellerin, des Éditions Rogers, sans qui la réalisation de cet ouvrage n'aurait pas été possible.

ONT COLLABORÉ À CET OUVRAGE:

Dr Michael McCormack

Urologue au Centre hospitalier universitaire de Montréal (CHUM), professeur adjoint de clinique au département de chirurgie de la faculté de médecine de l'Université de Montréal.

Le Dr Michael McCormack a obtenu son doctorat en médecine en 1983 et il a terminé sa spécialisation en urologie en 1988. Il a été président de l'Association des urologues du Québec et il est actuellement membre de la commission d'examen en urologie du Collège royal des médecins et chirurgiens du Canada. Il s'intéresse à la télémédecine, à la cybermédecine et à la rédaction de documents pour éduquer le public en matière d'urologie. En 2003, il a dirigé la publication du livre intitulé *La santé sexuelle de l'homme* (Éditions Rogers).

Dr Fred Saad

Urologue au Centre hospitalier universitaire de Montréal (CHUM), professeur titulaire au département de chirurgie de la faculté de médecine de l'Université de Montréal.

Le Dr Fred Saad a obtenu son doctorat en médecine en 1985; il a ensuite terminé sa spécialisation en urologie et en oncologie urologique en 1992. En 1993, il a créé le laboratoire et l'unité de recherche en oncologie urologique de l'Université de Montréal et il a été nommé chef du service d'urologie de l'Hôpital Notre-Dame en 1994. En 2004, il est devenu le premier titulaire de la chaire de recherche sur le cancer de la prostate de l'Université de Montréal.

Ses recherches portent principalement sur les marqueurs pronostiques moléculaires dans le cancer de la prostate et sur les stratégies thérapeutiques dans le cancer de la prostate réfractaire aux hormones. Il a dirigé plusieurs essais cliniques nationaux et internationaux sur le cancer de la prostate et il coordonne actuellement plus de 30 projets de recherche en oncologie urologique. Il est l'auteur ou le coauteur de plus de 300 articles, résumés et chapitres de livres, principalement sur le thème du cancer de la prostate.

Collaboration spéciale pour le chapitre « La vie avec le cancer de la prostate »

Dr Yves Quenneville

Psychiatre, consultant en oncologie, directeur administratif de l'unité des soins palliatifs de l'Hôpital Notre-Dame du Centre hospitalier universitaire de Montréal (CHUM). Professeur agrégé à la faculté de médecine de l'Université de Montréal.

Remerciements aux Drs **Luc Valiquette** et **Pierre Karakiewicz**, urologues au CHUM, ainsi qu'à **Isabelle Huot**, diététiste pour leur précieuse collaboration.

Table des matières

CHAPITRE 5
LE TRAITEMENT DU CANCER
AVANCÉ DE LA PROSTATE

Préface

Le cancer de la prostate est désormais le cancer qui est le plus fréquemment diagnostiqué chez les hommes: un homme sur huit aura un cancer de la prostate au cours de sa vie.

En tant qu'urologue-oncologue, je traite des hommes atteints du cancer de la prostate et j'aide leur famille à affronter la maladie; et on me demande souvent de la documentation pour répondre à toutes les questions qui se posent. Bien qu'il existe plusieurs ouvrages pratiques, cette contribution des docteurs Michael McCormack et Fred Saad est une des plus utiles que je connaisse. La difficulté, avec tout ouvrage médical traitant d'un sujet complexe comme le cancer de la prostate, c'est d'être capable d'en expliquer les différents aspects de façon claire, concise et exhaustive. Je pense que les auteurs de ce livre ont réussi à donner aux hommes et à leur famille tous les renseignements dont ils auront besoin pour les aider à traverser les moments difficiles qu'ils connaîtront au cours de cette maladie.

Quand ils apprennent qu'ils ont le cancer de la prostate, les hommes subissent souvent un choc qui les empêche de se concentrer sur les autres renseignements importants que leur donne leur médecin. En quittant le cabinet médical, ils sont terrifiés et un grand nombre de questions qu'ils auraient voulu poser restent sans réponse. Ce livre pourra aider à dissiper certaines de leurs craintes et à répondre à beaucoup de leurs interrogations. Et, plus important encore, l'ouvrage pourra les aider à se préparer à poser les bonnes questions à leur médecin lors des visites subséquentes.

Ce livre, bien écrit et facile à lire, comporte des illustrations détaillées. Mais, surtout, il apporte l'information médicale la plus récente, couvrant la maladie dans son ensemble, depuis la prévention aux soins palliatifs, en passant par le diagnostic et le traitement. Les auteurs fournissent des renseignements explicites sur la prévention et sur le rôle de l'alimentation et des suppléments nutritionnels, et ils passent en revue les diverses options de traitement qui ont donné de bons résultats avec des explications claires quant aux effets secondaires des diverses méthodes. Qui plus est, ce livre est un des rares à consacrer autant de place à l'importance de l'impact psychologique du diagnostic de cancer de la prostate sur la personne atteinte et sur ses proches.

Bravo aux docteurs McCormack et Saad pour cet excellent livre ! Je suis persuadé qu'il aidera de nombreux hommes et leur famille à mieux supporter la maladie. Car plus les hommes seront renseignés au sujet du cancer de la prostate, plus ils seront en mesure de se prendre en charge et de faire face à cette maladie.

Dr Armen G. Aprikian
Professeur agrégé de chirurgie
Directeur du programme de formation en urologie
Université McGill

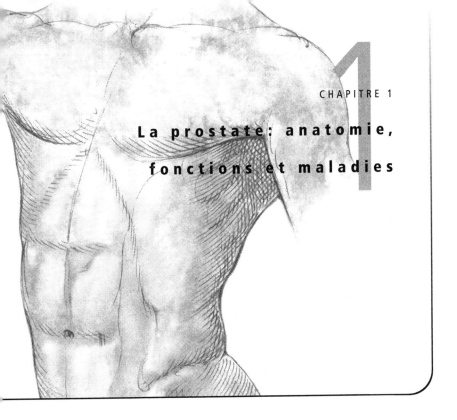

CHAPITRE 1

La prostate : anatomie, fonctions et maladies

« Cancer de la prostate. » Le verdict vient de tomber. L'homme qui reçoit ce diagnostic est doublement angoissé. Pourra-t-il en guérir ? Qu'adviendra-t-il de sa virilité ? De telles appréhensions sont tout à fait normales. Pour la plupart des patients, cependant, l'inquiétude diminue une fois que le traitement a commencé et qu'ils connaissent mieux leur maladie.

Il est possible de guérir du cancer de la prostate si la maladie est diagnostiquée à ses premiers stades de développement. Lorsque la maladie a atteint le stade avancé, le traitement peut en soulager les symptômes et prolonger la vie. Il faut aussi savoir que le cancer de la prostate entraîne rarement un dysfonctionnement érectile. Ce sont plutôt les traitements qui peuvent avoir ce type de répercussions.

Il existe plusieurs formes de cancer de la prostate, tout comme il en existe plusieurs causes, et l'évolution de la maladie varie beaucoup d'une personne à l'autre. Bien que les connaissances scientifiques se soient précisées au cours des 20 dernières années, il reste encore des progrès à faire avant que l'on maîtrise parfaitement tous les aspects de cette maladie sournoise. Cela dit, le traitement du cancer de la prostate s'est quant à lui amélioré de façon considérable.

Par conséquent, retenons que de nombreux hommes continuent d'avoir une vie productive longue et agréable en dépit de cette maladie.

▨ L'ANATOMIE DE LA PROSTATE

La prostate est une glande dont la sécrétion contribue à la formation du sperme. De la grosseur d'une noix, elle ne pèse pas plus de 20 g lorsqu'elle est saine. La prostate est située sous la vessie et elle est traversée par l'urètre, le canal qui transporte l'urine vers l'orifice du pénis. La prostate est aussi voisine des vésicules séminales. Comme sa face arrière touche au rectum, un médecin peut juger de son volume et de sa consistance par toucher rectal.

ANATOMIE DE LA PROSTATE ET DES ORGANES AVOISINANTS

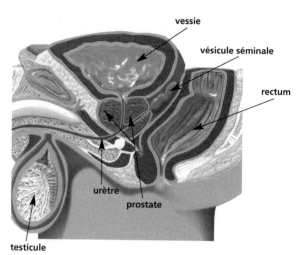

vessie

vésicule séminale

rectum

urètre

prostate

testicule

Pendant l'enfance, la prostate est minuscule. C'est plus tard, à la puberté, qu'elle se développe avec la poussée de testostérone (hormone sexuelle masculine) qui fait aussi grossir le pénis, les testicules et le scrotum. C'est donc dire que la prostate se développe en même temps que le jeune homme acquiert pilosité et voix grave.

C'est à cette période qu'elle devient l'un des organes reproducteurs mâles, car elle sécrète alors des nutriments et du liquide nécessaires à la survie des spermatozoïdes. La prostate est donc surtout « utile » pour la procréation.

▓ LES FONCTIONS DE LA PROSTATE

Même si l'on trouve de 20 à 100 millions de spermatozoïdes dans un éjaculat moyen (l'éjaculat est le contenu d'une éjaculation), les spermatozoïdes ne constituent qu'environ 1 % du volume total du sperme. Les autres substances sont essentiellement produites par la prostate et les vésicules séminales. C'est d'ailleurs dans la prostate que ces substances se mélangent avant l'éjaculation.

Certaines des substances (des protéines et du zinc) servent de protection contre les bactéries et permettent de réduire l'acidité des sécrétions vaginales afin que ces dernières ne détruisent pas les spermatozoïdes. Le sperme renferme aussi des acides aminés et

CE QUE LA PROSTATE NE FAIT PAS

Un mythe tenace veut que la prostate contrôle en bonne partie l'érection du pénis. C'est pourquoi bien des hommes qui éprouvent des problèmes érectiles craignent de souffrir d'un problème de prostate. Rien n'est plus faux ! La prostate ne participe pas au mécanisme de l'érection. Par conséquent, l'origine du dysfonctionnement érectile se situe ailleurs.

de grandes quantités de fructose – un sucre –, qui constitue une source d'énergie pour les spermatozoïdes. On y trouve aussi de la prostaglandine qui, une fois dans le vagin, provoque des contractions musculaires qui facilitent l'avancée du sperme vers le fond de l'utérus.

La prostate produit aussi une protéine appelée « antigène prostatique spécifique » (APS ou PSA en anglais). On pense qu'il a pour fonction de liquéfier les substances qui composent le sperme et que cette liquéfaction joue un rôle dans la fertilité. Les recherches à ce sujet se poursuivent.

En somme, la prostate sécrète des substances essentielles au maintien d'un environnement favorable à la survie des spermatozoïdes. Elle contribue donc à la fertilité masculine. De fait, sans prostate, la fécondation naturelle est impossible.

De plus, si la prostate est composée de cellules sécrétrices (on dit aussi exocrines), elle est également dotée de cellules musculaires. Ces muscles participent à l'évacuation du sperme au cours de l'éjaculation.

▓ APERÇU DES AUTRES MALADIES LES PLUS FRÉQUENTES DE LA PROSTATE

Lorsqu'un homme souffre d'un problème d'évacuation de l'urine, il redoute parfois d'être atteint du cancer de la prostate. Il est vrai que ce cancer produit parfois ces symptômes. Cependant, d'autres maladies de la prostate, non cancéreuses et beaucoup plus courantes, peuvent aussi être en cause. Il est indiqué de consulter un médecin pour obtenir un diagnostic précis.

L'HYPERTROPHIE BÉNIGNE DE LA PROSTATE

À partir de l'âge de 30 ans, la prostate augmente peu à peu de volume (chez un homme de 70 ans, elle est parfois quatre fois plus grosse qu'à 30 ans). C'est un phénomène encore mal compris, mais on sait que la testostérone contribue à cette hypertrophie. En grossissant, la prostate risque parfois de comprimer le canal urinaire qui la traverse et elle peut alors causer divers problèmes : difficulté à uriner, faible jet urinaire, impossibilité de vider complètement la vessie, besoin constant d'uriner, « fuites » d'urine. Ces symptômes obstructifs et irritatifs sont connus sous le nom de prostatisme (*voir l'encadré « Prostatisme : un terme mal choisi »*).

Bien que désagréable, l'hypertrophie bénigne de la prostate n'est pas cancéreuse. En fait, c'est une affection fréquente qui touche presque tous les hommes à mesure qu'ils avancent en âge (environ 25 % d'entre eux devront être traités). Le médecin peut prescrire des médicaments qui diminueront les symptômes ou, dans les cas plus sérieux, il peut se tourner vers la chirurgie afin d'enlever la partie hypertrophiée de la prostate.

LA PROSTATITE

La prostatite infectieuse peut être causée par une bactérie provenant d'une infection urinaire ou d'une infection transmissible sexuellement. D'habitude, cette maladie aiguë produit les symptômes suivants : forte

« PROSTATISME » : UN TERME MAL CHOISI

Le terme « prostatisme » est bien ancré dans les habitudes cliniques des médecins, mais il s'agit d'un terme mal choisi. En effet, il regroupe des problèmes qui ne proviennent pas forcément de la prostate (ils peuvent résulter d'une infection urinaire ou de troubles de l'urètre, par exemple).

La documentation médicale de langue anglaise a remplacé le terme « prostatisme » par le sigle « LUTS » (pour *Lower Urinary Tract Symptoms*). Pour l'instant, les textes en français utilisent encore couramment le terme « prostatisme ». Il faut donc se souvenir qu'un « prostatisme » n'est pas nécessairement dû à un problème de prostate.

fièvre, frissons, douleurs dans le bas du ventre et dans le dos, envie fréquente d'uriner, difficultés et brûlures à la miction et à l'éjaculation. Quelquefois, on retrouve aussi du sang dans le sperme. Un traitement à base d'antibiotiques guérit cette infection.

Par ailleurs, certains hommes ont des douleurs au bas-ventre lorsqu'ils urinent ou éjaculent, mais ils ne souffrent pas d'infection. Dans leur cas, il ne s'agit donc pas d'une prostatite infectieuse. Il y a plusieurs années, on appelait cela une « prostatite chronique ». Aujourd'hui, cependant, la communauté scientifique parle plutôt de « douleurs pelviennes chroniques », car il n'est pas certain que la prostate soit en cause. Ces douleurs sont encore mal connues. Les traitements utilisés incluent des antibiotiques, des anti-inflammatoires et des médicaments qui relâchent les muscles lisses de la prostate.

▓ LE CANCER DE LA PROSTATE

De façon générale, le cancer est produit par la croissance incontrôlée de cellules anormales. Le cancer peut prendre naissance dans n'importe quel type de cellules d'un organe, d'une glande, des tissus musculaires, du sang et du système lymphatique.

En temps normal, les cellules de notre corps contiennent toutes les informations qui régissent leur développement, leur fonctionnement, leur reproduction et leur mort. D'habitude, nos cellules fonctionnent bien et nous restons en bonne santé. Mais il arrive que certaines cellules perdent la boussole et se multiplient sans arrêt. Elles finissent par former des groupes de cellules anormales. Après un certain temps, ces groupes forment une masse appelée tumeur. Ce sont ces tumeurs que les médecins peuvent détecter.

Avec le temps, les cellules malignes des tumeurs cancéreuses peuvent envahir les tissus ou les organes avoisinants. Elles peuvent même se propager dans l'ensemble du corps en empruntant, par exemple, la circulation sanguine ou lymphatique. C'est le stade dit « métastatique », synonyme de cancer généralisé.

Dans le cas du cancer de la prostate, ce sont surtout les cellules sécrétrices qui se dérèglent et se transforment en cellules cancéreuses. Une fois le diagnostic établi, on choisit le traitement en fonction du stade d'évolution de la maladie et de l'état de santé du patient.

Les chercheurs ont identifié deux types de cancers de la prostate : ceux qui progressent lentement et ceux qui sont foudroyants. Voilà pour la théorie. En réalité, la grande majorité des cancers de la prostate se situent entre ces deux extrêmes : ils évoluent à une vitesse moyenne. Pour le moment, la science ne dispose pas d'outils pour déterminer avec précision le rythme de la progression d'un cancer qui a été diagnostiqué chez un individu donné.

STATISTIQUES DE LA SOCIÉTÉ CANADIENNE DU CANCER

Au Canada, on estime à 20 100 par an le nombre d'hommes qui recevront un diagnostic de cancer de la prostate et à 4200 le nombre de ceux qui en mourront.

Chaque semaine, 386 Canadiens en moyenne apprennent qu'ils sont atteints du cancer de la prostate.

Un homme sur huit risque d'avoir un cancer de la prostate au cours de sa vie, en général après l'âge de 70 ans. Un homme sur 26 en mourra.

Toujours au Canada, le cancer de la prostate est le cancer le plus souvent diagnostiqué chez les hommes.

Depuis 1988, le taux d'incidence du cancer de la prostate a augmenté de 30 %. Le vieillissement de la population est certainement en cause, mais on ne connaît pas encore les autres facteurs.

UNE NOUVELLE ENCOURAGEANTE !

Même si le nombre d'hommes atteints a augmenté de 30 %, le taux de mortalité a tout de même diminué de 10 %, probablement grâce à l'amélioration des traitements et à l'adoption de meilleures habitudes de vie.

Environ 14 % des Canadiens souffriront d'un cancer de la prostate « cliniquement significatif » (le médecin a détecté sa présence et a pu poser officiellement le diagnostic). Cependant, à la suite d'un grand nombre d'autopsies, les chercheurs ont découvert que 30 % des autres hommes de plus de 50 ans ont un cancer latent. Chez ces personnes, les cellules cancéreuses se trouvent dans la prostate, mais elles restent endormies et elles n'attaqueront pas l'organisme : le cancer est là, mais il ne fait pas de mal. Ce ne sont pas tous les hommes qui auront un cancer de la prostate latent, mais la probabilité augmente avec l'âge.

Le cancer de la prostate est un des rares cancers – dans l'état actuel des connaissances –, qui puisse être latent aussi longtemps.

CES MYTHES QU'IL FAUT DÉTRUIRE

JE SOUFFRE DE PROBLÈMES URINAIRES, ALORS J'AI PROBABLEMENT UN CANCER DE LA PROSTATE

Faux. La très grande majorité des patients qui ont du mal à vider leur vessie – ce qu'on appelle le prostatisme – ne souffrent pas d'un cancer de la prostate, mais plutôt d'une hypertrophie bénigne de la prostate.

LE DYSFONCTIONNEMENT ÉRECTILE EST UN INDICE DE CANCER DE LA PROSTATE

Faux. Le cancer de la prostate ne cause pas de troubles de l'érection. Ce sont les traitements du cancer qui peuvent entraîner un dysfonctionnement érectile.

LE CANCER DE LA PROSTATE NE TUE PAS

Faux. Bien des hommes, lorsqu'ils apprennent qu'ils ont le cancer de la prostate, se disent : « Ça aurait pu être pire. C'est un cancer dont on ne meurt plus. » Erreur ! Cette maladie est toujours une cause de mortalité importante. Cela dit, au Canada, les maladies cardio-vasculaires et le cancer du poumon continuent à faire davantage de victimes chez les hommes.

Les chercheurs essaient de comprendre pourquoi un cancer reste latent tandis qu'un autre se manifeste. On croit, bien sûr, que des facteurs de risque et certains gènes jouent un rôle important dans le développement du cancer « cliniquement significatif », mais on ignore encore le mécanisme en cause.

Les connaissances actuelles sur le cancer de la prostate sont encore incomplètes, en particulier en ce qui concerne ses facteurs de risque. Un grand nombre d'études sont en cours aux quatre coins de la planète et nous en saurons sûrement un peu plus dans les prochaines années. En attendant, voici l'état actuel des connaissances médicales, lesquelles sont donc appelées à évoluer rapidement.

■ L'ÂGE

Le cancer de la prostate est associé au vieillissement. En général, il affecte les hommes de plus de 50 ans et sa prévalence (le nombre de cas) augmente avec l'âge. Il est extrêmement rare qu'il survienne avant l'âge de 40 ans (moins de 1 % des cas); lorsque cela arrive, c'est habituellement en raison de facteurs génétiques.

▓ LES ANTÉCÉDENTS FAMILIAUX

Les hommes qui ont des cas de cancer de la prostate dans leur famille y sont plus exposés que les autres. Et, en général, le cancer risque de se déclarer un peu plus tôt chez eux.

Celui dont le père ou le frère a souffert du cancer de la prostate est deux fois plus susceptible d'en souffrir à son tour. Lorsque deux parents ou plus ont été atteints de cette maladie (le père et un oncle, les deux grands-pères, trois cousins, etc.), le risque est encore plus grand. Et cela est vrai qu'il s'agisse de parents de la famille maternelle ou paternelle.

Les risques augmentent encore si les cancers de la prostate diagnostiqués chez les autres hommes de la famille l'ont été avant qu'ils aient atteint 50 ans. Cela dit, ces cancers dits « familiaux » ou héréditaires ne semblent pas avoir un pronostic (évaluation que fait le médecin de la durée, du déroulement et de l'issue d'une maladie) plus sombre que les cancers non familiaux (ou sporadiques). Ils ne sont donc pas « pires » que les autres cancers de la prostate.

Par ailleurs, si on est atteint d'un cancer familial, il ne faut pas supposer que le pronostic sera le même que celui du père ou du grand-père. Chaque cancer est différent et son évolution l'est également. Le pronostic dépend en effet beaucoup plus du stade du développement de la maladie. On a établi que cette prédisposition

Y A-T-IL UN LIEN ENTRE LES CANCERS DE LA PROSTATE, DU SEIN ET DES OVAIRES ?

Des études indiquent que les risques de développer un cancer de la prostate semblent plus élevés chez les hommes dont la famille compte aussi des cas de cancer du sein ou des ovaires. Cependant, cette découverte est extrêmement récente et d'autres recherches viendront confirmer ou infirmer l'hypothèse.

familiale – donc héréditaire – ne serait en cause que dans environ 10 % des cas de cancer de la prostate.

▓ LA GÉNÉTIQUE

Même si 90 % des cancers de la prostate ne sont pas héréditaires, il est néanmoins très probable que des gènes soient impliqués dans leur développement. Les chercheurs ignorent encore beaucoup de choses à propos de ces gènes, mais ils savent qu'ils affectent la façon dont le cancer s'installe et progresse. Les études sur le sujet vont bon train. On espère qu'on pourra un jour établir le profil génétique des personnes atteintes afin de mieux cibler les efforts de dépistage.

▓ LES RACES, LES POPULATIONS ET LE MILIEU DE VIE

Par ailleurs, les risques de souffrir d'un cancer de la prostate semblent varier selon les populations. Ce type de cancer est surtout diagnostiqué

RÉPARTITION DU CANCER DE LA PROSTATE EN FONCTION DE L'APPARTENANCE ETHNIQUE AUX ÉTATS-UNIS

Nombre de cas par 100 000 hommes de 45 ans et plus aux États-Unis :

Toutes ethnies confondues	70,7
Afro-Américains	159,7
Blancs	64,4
Hispaniques	47,6
Amérindiens natifs d'Alaska	37,2
Asiatiques (provenant des îles du Pacifique)	26,4

Source : *National Center for Chronic Disease Prevention and Health Promotion, Division of Cancer Prevention and Control, 1998. Atlanta, Georgie.*

chez les hommes qui vivent en Occident, par exemple au Canada, aux États-Unis, dans le nord de l'Europe ainsi qu'en Australie. Sans qu'on sache exactement pourquoi, les hommes d'origine afro-américaine présentent le taux le plus élevé au monde et un certain nombre d'entre eux développent la maladie avant l'âge de 50 ans.

Par contre, ce cancer affecte beaucoup moins les hommes ailleurs dans le monde ; c'est le cas de l'Asie (Japon, Chine et Thaïlande), de plusieurs pays d'Afrique du Nord et du Moyen-Orient. Ainsi, un Japonais est 10 fois moins susceptible d'avoir le cancer de la prostate qu'un Nord-Américain. Et un Chinois vivant dans son pays court un risque jusqu'à 120 fois moins élevé qu'un Afro-Américain.

Est-ce donc dire que le cancer de la prostate est associé à la constitution génétique spécifique de chaque race ? Pas tout à fait. En effet, le milieu et les habitudes de vie semblent être des facteurs plus importants. Les scientifiques ont remarqué que les Japonais établis en Amérique du Nord depuis au moins une génération courent les mêmes risques que les Nord-Américains de souche. On se demande si le fait de vivre dans un pays industrialisé « riche » ne produirait pas des habitudes de vie moins bonnes pour la santé, notamment au chapitre de l'alimentation. De fait, l'alimentation est l'un des facteurs de risque auquel on songe le plus dans le cancer de la prostate.

▨ L'ALIMENTATION

LA CONSOMMATION DE GRAISSES ANIMALES ET DE VIANDE ROUGE

Même si le corps a besoin de matières grasses pour bien fonctionner, il existe un lien établi entre la consommation de matières grasses et le risque de souffrir du cancer de la prostate. En effet, plusieurs études statistiques mettent en évidence une importante corrélation entre l'ingestion de graisses animales et les taux de croissance du cancer de la prostate et de la mortalité des suites de cette maladie. Par ailleurs, d'autres études montrent qu'une ingestion importante de viande rouge augmente elle aussi les risques de développer un cancer de la prostate.

On comprend mal les mécanismes exacts de l'influence de la graisse animale et de la viande rouge sur le cancer de la prostate. Les hypothèses incluent l'influence des graisses sur les hormones, la production de radicaux libres (*voir l'encadré « Que sont les radicaux libres ? »*), la faible quantité d'ingrédients anticancérigènes figurant dans une alimentation riche en graisses animales et l'influence cancérigène qui pourrait être associée à la cuisson à haute température de la viande. D'autre part, certains chercheurs soupçonnent que la consommation d'acide alphalinoléique peut elle aussi accroître le risque de cancer de la prostate. L'acide alphalinoléique est un acide gras essentiel que l'on retrouve surtout dans la viande rouge, mais également dans les produits laitiers et les huiles végétales, telles que l'huile de colza.

QUE SONT LES RADICAUX LIBRES ?

Le corps humain a besoin d'oxygène pour vivre. Nos cellules produisent de l'énergie à partir de l'oxygène et des aliments que nous consommons, mais elles laissent derrière elles des polluants qu'on appelle les radicaux libres. Un peu comme une automobile consomme du carburant et génère de la pollution. Et, comme la pollution, les radicaux libres sont toxiques.

Pour se défendre, l'organisme possède des agents qui neutralisent efficacement les radicaux libres. Ce sont les antioxydants. (*Voir chapitre 7.*)

Cela dit, l'excès de radicaux libres s'attaque aux tissus et aux cellules de l'organisme, accélérant ainsi leur vieillissement ou même leur destruction. D'après les recherches scientifiques, les radicaux libres seraient impliqués dans l'apparition de nombreuses maladies telles que le cancer (dont celui de la prostate).

On pense qu'une alimentation riche en graisses animales pourrait causer une surproduction de radicaux libres dans l'organisme.

LE SURPLUS DE CALCIUM ET UNE CARENCE EN VITAMINE D

Il est essentiel de maintenir un taux de calcium adéquat pour former et conserver des os forts. Or, des découvertes récentes ont révélé qu'une consommation excessive de calcium pourrait accroître le risque de cancer de la prostate. Une importante étude a notamment conclu que les hommes qui consomment plus de 2000 mg (2 g) de calcium par jour courent un risque accru de développer un cancer de la prostate.

L'influence du calcium sur le développement du cancer de la prostate pourrait être associée au fait que l'ingestion de calcium entraîne une baisse de la vitamine D dans l'organisme, vitamine qu'on associe à un effet protecteur contre le cancer de la prostate. De fait, des études de laboratoire montrent que la vitamine D peut inhiber la croissance des cellules de ce type de cancer.

En outre, les rayons du soleil stimulent l'organisme à produire de la vitamine D (la vitamine D est l'une des rares à être produite par l'organisme ; les autres proviennent de l'alimentation). Cela explique-rait peut-être en partie pourquoi les hommes qui vivent dans les pays plus froids, où il y a moins d'heures d'ensoleillement, sont davantage sujets au cancer de la prostate. De plus, en vieillissant, l'organisme est moins en mesure de fabriquer de la vitamine D. Tout cela contri-bue peut-être à augmenter le risque de cancer de la prostate. Ce sont en tout cas des hypothèses qui font l'objet d'études pour l'instant et d'autres recherches sur le sujet s'imposent.

UNE CARENCE EN CERTAINS ANTIOXYDANTS

Plusieurs études concluent que les antioxydants – surtout la vita-mine E et le sélénium – pourraient protéger contre le cancer de la prostate (*voir chapitre 7*). Des recherches scientifiques visant à déter-miner si on pourrait considérer une carence en ces mêmes anti-oxydants comme un facteur de risque sont en cours.

▓ LES HORMONES

LES HORMONES MÂLES

Il semble qu'un taux élevé de testostérone pourrait constituer un facteur de risque. Les Afro-Américains – qui affichent un des taux de cancer de la prostate les plus élevés du monde – auraient ainsi, selon certaines études, 15 % plus de testostérone que les Blancs.

Comme nous l'avons vu au chapitre 1, la testostérone influe sur la croissance de la prostate à la puberté. Par ailleurs, un blocage de la testostérone fait régresser un cancer de la prostate. Ces deux faits établis ont incité les chercheurs à étudier davantage le rôle de la testostérone et des autres hormones mâles (la grande famille des androgènes) dans le cancer de la prostate. Les études révèlent qu'un taux élevé de testostérone pourrait être un important facteur de développement du cancer de la prostate.

Il s'agit là d'un domaine de recherche très actif. Malheureusement, les études évaluent les hormones qui se trouvent dans le

UN PRIX NOBEL POUR LES HORMONES MÂLES

Le Dr Charles Brenton Huggins, un chirurgien américain né au Canada, soutenait dès le début des années 1940 que les hormones mâles étaient responsables – du moins en partie – du développement du cancer de la prostate. Il proposait l'ablation des testicules pour arrêter la production de testostérone et pour stopper la progression de la maladie. Ses recherches sur les chiens sont venues appuyer cette hypothèse et les chercheurs ont dès lors compris tout le potentiel de cette découverte. À tel point que le Dr Huggins a obtenu le prix Nobel de médecine en 1966.

Grâce aux progrès de la médecine, il existe de nos jours d'autres méthodes que l'ablation des testicules pour faire cesser la production de testostérone (*voir chapitre 5*).

sang, alors que ce qui intéresse vraiment les chercheurs, ce sont les taux de testostérone et des autres hormones mâles présents dans la prostate elle-même. Cependant, comme les hormones de la prostate sont difficiles à prélever (la prostate est une glande difficile à atteindre), ils se basent sur les hormones sanguines en espérant que leur taux reflète ce qui se passe dans les tissus prostatiques. Le rôle de la testostérone et des autres hormones mâles devrait s'éclaircir dans les prochaines années.

LES FACTEURS DE CROISSANCE

Les facteurs de croissance sont des hormones qui se retrouvent naturellement dans le corps humain et qui jouent un rôle dans la croissance des cellules et des tissus. On soupçonne que certaines de ces substances – dont le facteur de croissance analogue à l'insuline (*insulin-like growth factor* ou IGF) – se retrouvent en quantité supérieure à la normale chez les hommes ayant le cancer de la prostate et on pense qu'elles en favorisent le développement.

En effet, des recherches sur les animaux ont montré que l'IGF peut provoquer un cancer de la prostate. Les hommes qui ont un taux élevé d'IGF sont quatre fois plus susceptibles de développer la maladie. On ne sait pas à l'heure actuelle ce qui détermine la quantité d'IGF chez un homme ni quel rôle ce facteur de croissance joue au juste dans le cancer de la prostate.

■ D'AUTRES SUSPECTS EN VUE

On soupçonne que le manque d'activité physique pourrait être un autre facteur de risque du cancer de la prostate. En effet, des études effectuées récemment en Chine et en Turquie ont mis en évidence un risque accru de développer la maladie chez les hommes qui font un travail sédentaire. D'autres recherches ont aussi fait un lien avec le manque d'activité physique, mais il est vraiment trop tôt pour parler de preuves. On croit aussi que l'obésité et un indice de masse corporelle élevé pourraient être en cause, sans que l'on

IL EST BON DE SAVOIR QUE...
L'ACTIVITÉ SEXUELLE : C'EST UN RISQUE OU PAS ?

De temps en temps, des études sur le cancer de la prostate font la manchette en raison de leurs conclusions stupéfiantes. Ainsi, l'une d'elles affirmait qu'une activité sexuelle intense augmente le risque de développer la maladie. Une autre, au contraire, concluait que l'éjaculation fréquente procure une certaine protection. Que faut-il croire ? Les travaux des scientifiques n'étant pas assez avancés pour apporter une réponse précise, il est inutile de s'inquiéter ou de modifier ses habitudes sexuelles.

LA VASECTOMIE : BEAUCOUP DE BRUIT POUR RIEN

Il y a quelques années, une étude avait suggéré que les hommes ayant subi une vasectomie étaient plus sujets à souffrir d'un cancer de la prostate. L'étude avait, on peut s'en douter, suscité beaucoup d'émoi. Aujourd'hui, la communauté scientifique considère qu'il n'existe aucun lien prouvé de cause à effet.

ALCOOL : NE PAS EN ABUSER, TOUTEFOIS

Fait surprenant, une grande consommation d'alcool pourrait éventuellement protéger les hommes contre le cancer de la prostate. En effet, ceux qui prennent beaucoup d'alcool affichent un taux d'œstrogènes plus élevé dans le sang. Les œstrogènes sont des hormones femelles et l'organisme masculin en contient naturellement une certaine quantité. Lorsque leur taux augmente, le taux de testostérone, lui, diminue. Comme certaines hypothèses prétendent qu'une présence trop importante de testostérone est un facteur de risque de cancer de la prostate, on pense que consommer de l'alcool pourrait avoir un effet protecteur.

Cela ne doit cependant pas être interprété comme une recommandation de boire de l'alcool, mais plutôt comme une observation biologique intéressante.

LE TABAC : BIEN DES DÉFAUTS, MAIS PAS CELUI-LÀ !

Jusqu'à présent, on n'a trouvé aucun lien entre le cancer de la prostate et le tabagisme. Cela dit, il est toujours déconseillé de fumer.

sache exactement pourquoi. Des recherches se poursuivent sur ce plan.

Par ailleurs, les chercheurs se demandent si l'exposition au cadmium dans le milieu de travail peut accroître le risque de cancer de la prostate (le cadmium est un métal argenté qui entre notamment dans la fabrication des conducteurs électriques et des piles au cadmium-nickel). Les recherches sur le sujet sont peu nombreuses et il est impossible, pour le moment, d'apporter une réponse claire.

Quelques chercheurs ont émis l'hypothèse que l'agriculture – surtout l'exposition aux herbicides – pourrait être associée à un risque accru de cancer de la prostate, mais, jusqu'ici, rien ne prouve qu'il existe un lien de cause à effet. Les connaissances dans ce domaine demeurent incertaines.

Une autre hypothèse veut que les travailleurs de l'industrie du caoutchouc soient plus exposés que les autres. Les données actuelles ne permettent pas d'établir un lien réel. Il est donc difficile d'en dire plus pour le moment. Plusieurs études en cours devraient apporter des réponses avant longtemps.

Comme le cancer de la prostate se développe «en silence» dans la majorité des cas, un homme peut vivre avec cette maladie sans se douter de rien, jusqu'à ce qu'elle soit décelée par hasard (on ne parle pas ici des cancers latents qu'on ne détectera jamais, mais de ceux qui sont cliniquement significatifs et que l'on finit par diagnostiquer).

C'est un fait, 80 % des cancers de la prostate sont découverts de façon fortuite au cours d'un examen de routine. Ils n'ont alors pas commencé à provoquer de symptômes et les hommes se sentent tout à fait bien. Parfois, la maladie en est à ses débuts, parfois elle est assez avancée. En effet, il arrive qu'un cancer ait atteint les ganglions pelviens et même les os sans avoir causé un seul symptôme. Cela se produit lorsque la tumeur dans la prostate est restée assez petite et qu'elle s'est étendue ailleurs sans que les métastases ne deviennent assez grosses pour causer des problèmes de santé perceptibles.

Si les médecins sont aujourd'hui capables de détecter un cancer de la prostate avant même qu'on se doute de sa présence, c'est en grande partie grâce au test de l'antigène prostatique spécifique (APS), qui existe en tant que test de dépistage depuis environ 15 ans (nous en reparlerons un peu plus loin dans ce chapitre). Grâce à cela, la maladie peut être traitée plus tôt et les patients ont de meilleures chances de guérir.

LES RECOMMANDATIONS SUR LE DÉPISTAGE DU CANCER DE LA PROSTATE

LA SOCIÉTÉ CANADIENNE DU CANCER considère que tout homme âgé de plus de 50 ans devrait parler avec son médecin des avantages et des inconvénients du dépistage à l'aide du test de l'APS et du toucher rectal. Les hommes faisant partie des groupes à risque élevé (entre autres, les Canadiens d'ascendance africaine et ceux qui viennent d'une famille où l'on trouve plusieurs cas de cancer de la prostate) peuvent discuter avec leur médecin de la possibilité de se soumettre à ces tests avant l'âge de 50 ans.

LE CONSEIL CANADIEN SUR LES MALADIES DE LA PROSTATE recommande d'effectuer chaque année un toucher rectal et un dosage de l'APS chez les hommes qui ont entre 50 et 70 ans. Pour ceux qui ont des antécédents familiaux de cancer de la prostate (père ou frère atteints), il serait préférable de commencer le dépistage à partir de 40 ans.

L'ASSOCIATION CANADIENNE D'UROLOGIE estime que le toucher rectal et les dosages de l'APS favorisent une détection plus précoce des cancers de la prostate présentant un intérêt clinique. On devrait sensibiliser les hommes aux avantages et aux risques potentiels du dépistage afin qu'ils puissent décider de façon éclairée de l'utilité de subir ce test.

Tout homme que le dépistage du cancer de la prostate préoccupe devrait aborder la question avec son médecin.

Dans l'évaluation de son patient, le médecin doit tenir compte de son âge et de son espérance de vie en se basant sur ses antécédents familiaux et personnels. Tous ces éléments entrent en ligne de compte dans l'investigation et le traitement du cancer de la prostate.

▓ LES SYMPTÔMES DU CANCER DE LA PROSTATE

À ses débuts, la maladie est en général asymptomatique (sans symptômes). Il arrive parfois que la tumeur grossisse dans la prostate et comprime l'urètre, ce qui nuit à la miction. Le cancer peut alors provoquer des symptômes au niveau de l'appareil urinaire (« prostatisme ») :

- ▓ Difficulté à déclencher la miction (à commencer à uriner).
- ▓ Difficulté à cesser la miction (goutte à goutte en fin de miction).
- ▓ Diminution de la force du jet urinaire (jet faible, intermittent).
- ▓ Sensation de mal vider la vessie.
- ▓ Urgent besoin d'uriner.
- ▓ Mictions fréquentes le jour et la nuit.

La tumeur ne cause pas de douleur à la prostate proprement dite. Elle peut uniquement causer des symptômes urinaires.

Il ne faut pas perdre de vue que tous ces symptômes sont habituellement causés par un grossissement bénin de la prostate qui survient avec l'âge (c'est l'hypertrophie bénigne de la prostate) et non par un cancer de la prostate. Ils peuvent également être causés par d'autres problèmes liés à l'appareil urinaire. Il est important de consulter un médecin pour en avoir le cœur net.

Le cancer qui a pris naissance dans la prostate gagne ensuite les ganglions pelviens (ce ne sont pas les mêmes ganglions que ceux de l'aine, qui sont perceptibles. Les ganglions pelviens se trouvent en profondeur dans le ventre, près de la prostate. On ne les voit pas et on ne les sent pas). Ces métastases ganglionnaires ne causent pas de douleur, mais peuvent, à l'occasion, causer un œdème (enflure) des pieds et des chevilles. Pourquoi ? Parce qu'elles bloquent la circulation du système lymphatique, ce réseau qui longe les artères et les veines, et qui transporte la lymphe, le liquide qui aide à combattre les infections.

Au stade encore plus avancé de la maladie, les cellules cancéreuses ont généralement migré vers les os, en particulier ceux du bassin et de la colonne vertébrale (ce sont les métastases osseuses). Si les métastases sont assez grosses, les symptômes suivants peuvent alors apparaître :

- Douleur au bas du dos ou dans les hanches.
- Engourdissement ou paralysie des membres inférieurs (au niveau de la colonne vertébrale, les métastases peuvent comprimer la moelle épinière).
- Œdème (enflure) des pieds et des chevilles (les métastases ganglionnaires peuvent causer un mauvais drainage lymphatique des membres inférieurs).
- Perte de poids et atteinte de l'état général (on ne se sent pas bien).
- Fatigue constante et pâleur (les métastases osseuses peuvent causer une anémie).

À la fin, le cancer s'est généralisé et les métastases ont essaimé dans tout l'organisme. Mais, de nos jours, les tests diagnostiques du cancer de la prostate permettent habituellement de déceler la maladie avant que le patient n'en soit à un stade avancé.

■ LES SIGNES DU CANCER DE LA PROSTATE ET L'EXAMEN PHYSIQUE

Le signes ne sont pas les symptômes que ressent le patient, mais les faits objectifs que constate le médecin.

Le médecin commence d'abord par faire un examen complet de son patient : tension artérielle, cœur, poumons, poids, état général. Il procède ensuite au toucher rectal. Le toucher rectal est la méthode la plus employée et la moins onéreuse pour dépister le cancer de la prostate. Cet examen est plutôt désagréable, mais il n'est pas douloureux. Le médecin introduit un doigt ganté dans le rectum du patient afin de palper sa prostate. La plupart des cancers se développant en périphérie de la prostate, près du rectum, il est assez facile de détecter une anomalie.

À l'état normal, la prostate est lisse et caoutchouteuse. Le médecin recherchera donc une bosse ou une induration (un durcissement). Il est important de souligner que les bosses et les indurations ne sont pas toutes cancéreuses : seulement une sur trois l'est. L'hypertrophie bénigne de la prostate, une calcification (une « pierre ») dans la prostate, de même qu'une inflammation peuvent également causer ces phénomènes. Chez certains patients atteints du cancer de la prostate, le durcissement est très étendu et la bosse peut même déborder de la prostate pour toucher les tissus voisins. Ces données sont de la première importance pour aider à identifier le stade de la maladie et donc le traitement approprié.

La taille de la prostate n'est pas un élément dont on tient compte, car le volume de la glande augmente souvent avec l'âge.

Le toucher rectal a ses limites. En effet, il ne permet pas d'examiner la prostate en entier. En outre, la majorité des cancers diagnostiqués au Canada le sont en dépit d'un examen physique et d'un toucher rectal normaux. C'est toutefois un examen de base nécessaire parce qu'il importe toujours de connaître l'état de la prostate. D'autant plus qu'il permet de temps en temps de détecter des cancers présents malgré un dosage de l'APS normal.

▓ L'ANTIGÈNE PROSTATIQUE SPÉCIFIQUE ET LE TEST DE L'APS

Pour compléter l'évaluation de la prostate, le médecin fera faire une prise de sang pour mesurer le taux d'APS. L'APS est une glycoprotéine (une protéine mélangée avec une molécule de sucre) produite par les cellules normales de la prostate. On pense qu'elle a pour fonction de liquéfier les substances qui composent le sperme et que cette liquéfaction joue un rôle dans la fertilité (les recherches à ce sujet se poursuivent). Une partie de l'APS se retrouve aussi dans la circulation sanguine.

Le taux d'antigène varie en fonction de l'âge et de la race, et il a naturellement tendance à s'élever chez les hommes de plus de 40 ans à cause de l'augmentation du volume de la prostate. Plus il y a de cellules dans la prostate, plus elles produisent d'APS, même en l'absence d'un cancer. En présence d'un cancer, le taux d'APS augmentera encore plus.

D'habitude, chez un homme de race blanche dans la soixantaine, la concentration de l'APS est considérée comme normale lorsqu'elle se situe entre 0 et 4,0 nanogrammes par millilitre, ce qu'on abrège en ng/mL. Au-delà de 4,0 ng/mL, on peut soupçonner qu'il y a un problème.

Le cancer de la prostate fait souvent augmenter le taux d'APS. Tandis que les cellules normales ne laissent passer qu'une petite quantité d'APS dans le sang (le reste demeure dans la prostate), les cellules cancéreuses, du fait de leur dérèglement, en laissent passer une plus grande quantité.

LES TAUX MAXIMUMS D'APS JUGÉS NORMAUX EN FONCTION DE LA RACE ET DE L'ÂGE (taux en nanogrammes par millilitre [ng/mL])

Âge (ans)	Blancs	Noirs (ng/mL)	Asiatiques
40-49	2,5	2,0	2,0
50-59	3,5	4,0	3,0
60-69	4,5	4,5	4,0
70-80	6,5	5,5	5,0

Ces valeurs sont approximatives et il faut s'en souvenir lorsqu'on a à les interpréter. Il faut toujours discuter de son propre résultat avec son médecin et éviter de tirer des conclusions trop hâtives.

C'est pourquoi on procède à une prise de sang pour connaître le taux sanguin d'APS. La plupart des patients dont le cancer de la prostate atteint un centimètre cube (la taille d'un morceau de sucre) ont un niveau anormal d'APS.

Il ne faut jamais perdre de vue que l'APS est spécifique à la prostate, mais pas au cancer de la prostate ; son taux peut augmenter en l'absence d'un cancer, pour diverses raisons : l'âge, la race, l'hypertrophie bénigne ou une inflammation de la prostate, ou, encore, une infection urinaire. La plupart du temps, le taux redevient normal quand on peut traiter le problème. La manipulation prostatique par un urologue – lors d'une biopsie de la prostate, par exemple – peut, elle aussi, produire une augmentation momentanée de l'APS. C'est ce qu'on appelle un faux positif. Il ne faut donc pas tirer de conclusions trop hâtives. Par contre, il est plutôt rare que le toucher rectal provoque cette élévation.

Par ailleurs, le test de l'APS peut s'avérer normal chez des patients qui ont un cancer de la prostate. De fait, selon une étude publiée en 2004 dans le *New England Journal of Medicine*, ce taux reste dans les limites normales pour 15 % des hommes atteints de la maladie. C'est ce qu'on appelle un faux négatif.

Si le test de l'APS est le meilleur test de dépistage dont nous disposons – il aide à détecter les anomalies plus tôt, il est simple, rapide et plus précis que d'autres tests disponibles pour d'autres types de cancer –, il n'en reste pas moins qu'il est imparfait. En raison de ses limites, les chercheurs ont mis au point d'autres façons d'évaluer le taux d'APS dans le sang afin d'améliorer la précision du test et de réduire le nombre de faux positifs et de faux négatifs. Il y en a trois :

La densité de l'APS. On procède à une échographie transrectale (*voir plus bas*) pour mesurer la dimension de la prostate. On évalue la quantité d'APS qu'on devrait y trouver (le taux varie selon la grosseur de la glande) et on fait une prise de sang pour vérifier ce qu'il en est. La probabilité qu'il y ait un cancer de la prostate augmente lorsque la densité de l'APS est plus élevée que prévue.

L'APS libre par rapport à l'APS total. Le test de l'APS mesure l'APS total dans le sang du patient. Il existe une variante à ce test qui consiste à ne mesurer que l'APS libre (c'est-à-dire l'APS qui circule dans le sang sans être lié à aucune autre protéine. Il circule de façon isolée). On pense que cette analyse sanguine plus détaillée pourrait mieux aider le médecin à démasquer les faux positifs que la mesure de l'APS total (qui inclut l'APS libre et l'APS lié à des protéines sanguines).

On s'est aperçu que les hommes qui souffrent d'une hypertrophie bénigne de la prostate, par exemple, présentent un taux d'APS libre élevé, alors que, chez ceux qui sont atteints du cancer de la prostate, le taux d'APS libre est plutôt bas. Ce test peut donc parfois éviter de subir des examens supplémentaires non nécessaires. Mais comme son efficacité est discutable, ce ne sont pas tous les hôpitaux qui le proposent.

La vélocité de l'APS. La vélocité indique à quelle vitesse augmente la concentration de l'APS. En fait, il s'agit de déterminer le taux sanguin d'APS sur plusieurs mois ou années, car une augmentation inattendue est quelquefois la seule manifestation d'un cancer de la prostate. Par exemple, un taux d'APS qui passe subitement de 1,0 à 3,0 peut être considéré comme suspect. Par contre, un taux d'APS de 3,0 qui ne bouge pas sera considéré comme normal. Il y a donc des avantages à suivre régulièrement le taux d'APS et c'est pourquoi un nombre grandissant d'hommes demandent ce test à leur médecin.

Même s'ils sont très utiles, le toucher rectal et les différents dosages de l'APS ne suffisent pas pour diagnostiquer un cancer de la prostate. Si l'APS se situe entre 4,0 et 10,0 ng/mL et que la prostate semble normale, la probabilité d'un cancer de la prostate est d'environ 30 %. Avec un taux d'APS supérieur à 10,0 ng/mL, le risque est de 50 %. Quand le taux d'APS dépasse 10,0 ng/mL et qu'on sent une bosse sur la prostate, la probabilité d'un cancer passe à 80 %.

En présence de résultats anormaux ou en cas de doute, le médecin peut prescrire une échographie transrectale accompagnée d'une biopsie. Ces examens permettent habituellement de poser un diagnostic précis.

■ L'ÉCHOGRAPHIE TRANSRECTALE ET LA BIOPSIE DE LA PROSTATE

L'échographie transrectale est un examen au cours duquel on insère dans le rectum un instrument muni d'une aiguille de biopsie qui produit des ondes sonores dirigées vers la prostate. Une image de la glande est élaborée à partir de ces ondes sonores. L'investigation, qui dure quelques minutes et qui n'exige pas de préparation particulière, n'est pas douloureuse ; elle est surtout désagréable (la sensation est similaire à celle d'un toucher rectal). Cet examen n'est pas assez précis pour confirmer la présence d'une tumeur. Il permet tout au plus de mesurer le volume de la prostate et il aide à déceler des zones anormales qui doivent faire l'objet d'une biopsie.

L'échographie transrectale permet de diriger l'aiguille de biopsie vers les zones choisies pour le prélèvement. L'aiguille perce la paroi du rectum et va jusqu'à la prostate pour y prélever des tissus çà et là ; c'est ce qu'on appelle l'échantillonnage. Le médecin recueille de 6 à 12 échantillons. Il y a quelques années, on ne prélevait pas plus de six échantillons et, par conséquent, on risquait davantage de passer à côté d'une zone affectée. Aujourd'hui, l'examen des tissus de la prostate permet de déceler avec beaucoup plus d'efficacité la présence d'un cancer.

L'ÉCHOGRAPHIE TRANSRECTALE

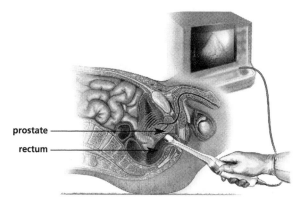

prostate —
rectum —

La biopsie cause un inconfort, mais elle n'est pas vraiment douloureuse et l'ensemble des prélèvements se fait en 5 à 10 minutes environ. Par contre, elle peut entraîner tout de suite après des crampes dans le bas-ventre (qui durent généralement moins de 10 minutes). Il peut également arriver que du sang passe dans les urines, le sperme ou les selles à cause des petites perforations effectuées dans le rectum. D'habitude, ces saignements sont sans conséquence et disparaissent tout seuls au bout de quelques jours ou de quelques semaines.

L'infection de la prostate est une conséquence un peu plus sérieuse de la biopsie. Lorsqu'on perce le rectum pour se rendre à la prostate, il arrive parfois que des bactéries y entrent et causent une infection. Le cas échéant, le patient se sentira mal, aura de la fièvre et mal au ventre. L'infection bactérienne se traite par des antibiotiques. Cela dit, elle est très rare : elle n'affecte que 1 % des personnes ayant subi une biopsie.

LE RÔLE DU PATHOLOGISTE

Le pathologiste est un médecin spécialisé dans l'étude des tissus humains. Son travail a pour but de mieux comprendre la maladie. Son rôle principal est de poser des diagnostics basés sur l'analyse microscopique des tissus prélevés (biopsie).

Si l'urologue ou le radiologiste font une biopsie pour prélever des échantillons de tissus de prostate ou de ganglions pelviens, c'est le pathologiste qui les examine dans son laboratoire et qui détermine ce qu'il en est exactement. C'est donc lui qui vérifie si les tissus sont atteints d'un cancer. Il précise aussi le grade de ce dernier (un des éléments importants qui détermine l'agressivité du cancer). Par conséquent, il apporte une contribution essentielle puisqu'il oriente le médecin traitant vers le traitement le mieux adapté et le plus efficace pour le patient.

▓ LES EXAMENS COMPLÉMENTAIRES

Si la biopsie confirme la présence d'un cancer, il peut être nécessaire d'effectuer d'autres examens afin de déterminer si les cellules cancéreuses se sont propagées ailleurs dans l'organisme. Ces examens

LE CT SCAN : PAS TRÈS UTILE

Certains patients demandent à leur médecin si un examen de tomographie axiale, ce qu'on appelle communément un CT scan, pourrait être utile. Il s'agit d'un examen radiographique particulier que l'on peut utiliser pour évaluer l'anatomie abdominale et pelvienne afin de déterminer s'il y a ou non des métastases. Malheureusement, chez la plupart des patients atteints d'un cancer de la prostate, la tomographie axiale ne fournit pas beaucoup de renseignements utiles. De fait, la tomographie axiale est capable de déceler l'augmentation de la taille des organes atteints de métastases – dans le cas du cancer du foie ou du pancréas notamment. Le cancer de la prostate, lui, peut affecter les ganglions pelviens sans les faire grossir ; par conséquent, la tomographie axiale ne détectera rien. Cet examen est donc peu employé pour déceler l'éventuelle présence de métastases.

Ceux qui s'en servent surtout en présence d'un cancer de la prostate, ce sont les radio-oncologues, qui ont besoin de connaître la taille et la forme exactes de la prostate pour pouvoir mieux diriger leurs rayons de radiothérapie.

La résonance magnétique et le PET scan (tomographie par émission de positons) sont de nouveaux examens radiologiques très sophistiqués et plus précis que la tomographie axiale. On étudie actuellement dans quelle mesure ils sont utiles dans le cancer de la prostate. Pour l'instant, ils sont peu utilisés pour décider de la conduite médicale à suivre.

complémentaires concernent surtout les hommes qui présentent des signes particulièrement graves, comme une induration ou une bosse étendue dans la prostate, un dosage élevé de l'APS ou une biopsie de la prostate qui révèle la présence d'un cancer agressif.

La lymphadénectomie pelvienne est un prélèvement des ganglions pelviens qui permet de savoir si le cancer de la prostate s'y est propagé. Il s'agit d'une intervention chirurgicale sous anesthésie générale qui a un but diagnostique : évaluer s'il y a des métastases ganglionnaires. La lymphadénectomie se pratique en même temps que la prostatectomie radicale (l'ablation de la prostate), à laquelle on procède pour traiter un cancer localisé. D'habitude, on y a recours dans les cas où l'on redoute un risque de dissémination. Il arrive malgré tout que le médecin fasse faire une lymphadénectomie pelvienne isolée lorsqu'il envisage, par exemple, d'envoyer son patient en radiothérapie et qu'il veut d'abord avoir une idée précise de l'étendue du cancer.

La scintigraphie osseuse comporte l'injection d'un isotope radioactif (une substance radioactive non nocive) qui permet de mettre en évidence les métastases osseuses. Il s'agit d'un examen de médecine nucléaire sans douleur et sans risque.

▓ LA CLASSIFICATION DU CANCER DE LA PROSTATE

Le traitement du cancer de la prostate dépend en grande partie du degré de propagation des cellules cancéreuses. C'est pourquoi il est utile de préciser l'évolution de la maladie selon le grade et le stade.

LE GRADE

Le grade représente la malignité (ou l'agressivité) du cancer. On se base sur l'aspect du tissu de la prostate et on se sert de l'échelle de Gleason, qui va de 1 à 5. C'est le Dr Donald F. Gleason, un pathologiste de l'Université du Minnesota, qui a créé cette échelle d'évaluation des cellules cancéreuses en 1966. On l'utilise pour tous les types de cancers.

Si le tissu ressemble encore beaucoup à celui d'une glande saine, le pathologiste lui donnera le grade 1 ou 2. Si le tissu glandulaire a un aspect plutôt irrégulier et une forme très différente de celui d'une glande normale, il sera considéré comme étant de grade 4 ou 5. Le grade 3 est donc le grade intermédiaire.

Le pathologiste examine au microscope le tissu prélevé lors de la biopsie et il lui donne deux grades, car, comme la prostate est une glande qui est rarement homogène, il peut y avoir des zones où le cancer est un peu plus agressif que dans d'autres sur le même tissu. C'est pourquoi en tenant compte de deux grades on a une meilleure idée de l'évolution de la maladie. Le premier chiffre représente le grade le plus prédominant et l'autre, le deuxième grade prédominant. Le total est ce qu'on appelle « le score ».

Par contre, un sujet qui présente des grades de 3 + 4 (score 7) sera moins atteint qu'un autre qui affiche des grades de 4 + 3 (score 7 aussi). L'ordre des chiffres est très important, car il aide à choisir un traitement.

Si le tissu présente la même prédominance partout, on additionne les grades (3 + 3, par exemple, pour un score de 6). D'autre part, plus la maladie est agressive et moins il y a de zones différentes sur le tissu. Ainsi, il est pratiquement impossible d'obtenir un score de 5 + 1 ou même de 4 + 2.

Généralement, les grades et les scores élevés correspondent à des tumeurs à croissance plus rapide et indiquent un pronostic plus grave.

LE STADE

Le stade représente le degré de dissémination du cancer de la prostate. Dans les premiers stades, le cancer est confiné à la prostate. Dans les stades intermédiaires, la tumeur locale commence à déborder de la prostate. Dans les stades avancés et très avancés, les cellules cancéreuses envahissent d'autres tissus, comme les ganglions pelviens, puis les os (cancer métastatique). Plus tard, la maladie s'est généralisée dans tout l'organisme.

La méthode la plus répandue de classification des stades du cancer de la prostate est le système international TNM, c'est-à-dire *Tumor, Node, Metastasis* (tumeur, ganglion, métastases). Le T fait référence à l'étendue de la tumeur dans la prostate elle-même, le N décrit le degré d'atteinte des ganglions pelviens et le M fait référence à la présence ou à l'absence de métastases à distance de la tumeur. Il existe d'autres méthodes de classification, mais, au Canada, la communauté médicale utilise le système TNM.

Le grade et le stade précisent l'état du cancer chez une personne au moment du diagnostic. Les cellules cancéreuses peuvent être agressives (score 8, par exemple), mais encore confinées à la prostate

EXPLICATION DES STADES DU SYSTÈME TNM

T   (TAILLE DE LA TUMEUR DANS LA PROSTATE)

T0   Aucune indication d'une tumeur dans la prostate.

T1   La prostate semble normale et la tumeur a été découverte à la suite d'un taux d'APS élevé.

T2   La tumeur est palpable et confinée à la prostate.

T3   La tumeur déborde de la prostate (la capsule – l'enveloppe de la prostate – et/ou les vésicules séminales sont touchées).

T4   La tumeur a atteint des tissus voisins (col de la vessie, sphincter externe, rectum, etc.).

N   (DEGRÉ D'ATTEINTE DES GANGLIONS PELVIENS)

N0   Il n'y a pas trace de tumeur dans les ganglions.

N+   Un ou plusieurs ganglions sont atteints.

M   (PRÉSENCE OU ABSENCE D'AUTRES MÉTASTASES)

M0   Il n'y a aucune métastase au-delà des ganglions.

M1   Il y a des métastases dans les os ou dans d'autres endroits éloignés.

(stade T2). À l'inverse, les cellules peuvent avoir l'air presque normales (score 4 ou moins), mais il est possible que des métastases se soient déjà étendues aux os (stade M1). Chaque cancer de la prostate est différent et il est difficile de prédire comment évoluera la maladie.

Le grade et le stade déterminent en bonne partie les choix thérapeutiques proposés au patient. Mais pour décider de ce qui lui convient le mieux, les médecins tiennent aussi compte de son âge, de son état de santé général, de ses antécédents médicaux et de ses préférences personnelles. Ils peuvent ensuite décider du traitement à prescrire.

LES DIFFÉRENTS STADES DU CANCER DE LA PROSTATE

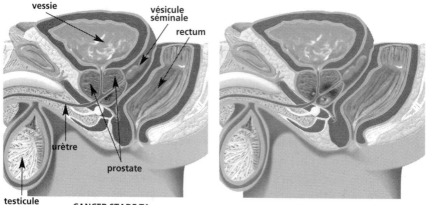

CANCER STADE T1   CANCER STADE T2

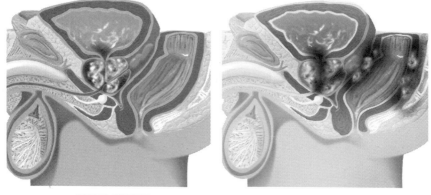

CANCER STADE T3   CANCER STADE T4

CE QU'IL FAUT RETENIR

- 80 % des cancers de la prostate sont découverts de façon fortuite au cours d'un examen de routine. Ils n'ont pas commencé à provoquer de symptômes et les hommes se sentent tout à fait bien. Parfois, la maladie en est à ses débuts, d'autres fois, elle est assez avancée.

- Les symptômes urinaires (ou de «prostatisme») n'annoncent pas nécessairement un cancer de la prostate. Ils peuvent être causés par d'autres problèmes liés à l'appareil urinaire.

- Le toucher rectal a ses limites. En effet, il ne permet pas d'examiner la prostate en entier – en outre, la majorité des cancers diagnostiqués au Canada le sont en dépit d'un examen physique et d'un toucher rectal normaux –, mais il permet de temps en temps de détecter des cancers malgré un taux d'APS normal.

- Grâce au test de l'APS, les médecins sont capables de détecter un cancer de la prostate avant même qu'on ne se doute de sa présence. Par conséquent, la maladie peut être traitée plus tôt et les patients ont de meilleures chances de guérir.

- Sur trois tests de l'APS au résultat anormalement élevé, il n'y aura qu'un seul cas de cancer de la prostate. Par ailleurs, 15 % des hommes atteints de la maladie ont un taux d'APS normal.

- La biopsie par échantillonnage permet habituellement de poser un diagnostic précis.

- Le choix d'un traitement thérapeutique dépend de l'âge du patient, de son état de santé général, de ses antécédents médicaux et de ses préférences personnelles.

LES CAS DE CHARLES ET DE JEAN-FRANÇOIS

Charles a 50 ans. C'est un homme d'affaires actif et en pleine forme. Il travaille 40 heures par semaine, joue au golf et fait du jogging.

À son dernier bilan de santé annuel, son médecin a fait un toucher rectal, normal a priori. Le résultat de son analyse de l'APS est cependant élevé, atteignant 5,0 ng/mL. On lui fait une échographie transrectale de la prostate – qui ne détecte pas d'anomalies – et une biopsie par échantillonnage. Le pathologiste détermine alors que sa prostate contient des cellules cancéreuses de score 6 (grade 3 + 3 sur l'échelle de Gleason). Les examens supplémentaires s'avèrent négatifs.

Qu'est-ce que cela signifie? Même si le toucher rectal et l'échographie transrectale n'ont rien décelé, Charles a bel et bien un cancer qui n'est cependant pas très avancé. Il subit une prostatectomie radicale et l'analyse pathologique des tissus permet de déterminer que le cancer est resté localisé dans la prostate (T2) et n'a pas encore atteint les ganglions pelviens (N0) ni les os (M0). Charles a donc toutes les chances de son côté.

Jean-François est un homme de 63 ans à la retraite et en bonne santé. Les loisirs, le sport, le bénévolat et ses petits-enfants occupent toutes ses journées. Adepte d'une bonne nutrition, il surveille ce qu'il mange. Lors d'un examen de routine, son médecin détecte au toucher rectal une bosse qui déborde de la prostate. À 23,0 ng/mL, son taux d'APS est cinq fois plus élevé que la normale. Il subit une échographie transrectale. L'image révèle une anomalie suspecte qui dépasse le bord de la prostate et qui touche les tissus voisins. Plusieurs biopsies sont faites dans cette zone. Le pathologiste détermine que sa prostate comporte un cancer de grade 5. Jean-François subit une lymphadénectomie des ganglions pelviens qui s'avère positive pour le cancer (ils contiennent des cellules cancéreuses). Quant à la scintigraphie osseuse, elle est normale.

Que lui arrive-t-il? Jean-François est atteint d'un cancer de la prostate plutôt avancé, qui s'est étendu aux ganglions pelviens (N1), mais pas encore dans les os (M0). Son médecin discute avec lui des traitements possibles.

CHAPITRE 4

Le traitement du cancer localisé de la prostate

Un cancer de la prostate est dit localisé lorsqu'il semble qu'il n'y a pas de métastases à l'extérieur de la prostate. On considère alors qu'il n'a pas atteint d'autres organes que la prostate. Comment traiter ce type de cancer ? C'est une question complexe, car plusieurs facteurs entrent en ligne de compte.

Il y a d'abord le grade (l'aspect du tissu au microscope, qui donne une idée de l'agressivité de la tumeur), le stade (l'impression de l'étendue de la tumeur telle qu'elle est perçue lors du toucher rectal) et le taux d'antigène prostatique spécifique (APS), qui est ce qui reflète le mieux l'étendue de la maladie. Ces éléments aident à évaluer la nature de la tumeur et le risque qu'elle soit mortelle dans les années à venir. Le médecin tient également compte de l'âge du patient, de son espérance de vie et de ses antécédents médicaux et familiaux.

En général, lorsqu'il est pris au début, c'est-à-dire lorsqu'il est confiné à la prostate, ce cancer se guérit très bien. Cela dit, les patients ne seront pas tous traités. Dans certains cas, les effets secondaires et les complications du traitement peuvent être plus dommageables que ses bienfaits et que la manifestation de la maladie elle-même, surtout si on pense qu'elle évoluera très lentement. Il arrive parfois que la meilleure chose à faire soit de ne rien faire du tout !

RAPPEL SUR LE GRADE ET LE STADE D'UN CANCER LOCALISÉ DE LA PROSTATE

LE GRADE, SELON L'ÉCHELLE DE GLEASON

Grade 1 :   le tissu ressemble encore beaucoup à un tissu sain (c'est le grade le moins agressif).

Grade 2 :   le tissu est un peu différent d'un tissu normal.

Grade 3 :   le tissu est modérément différent d'un tissu normal.

Grade 4 :   le tissu a un aspect plutôt irrégulier et une forme différente de la normale.

Grade 5 :   le tissu est très différent d'un tissu normal (c'est le grade le plus élevé).

La prostate étant rarement homogène, le cancer peut être un peu plus agressif dans certaines zones que dans d'autres. C'est pourquoi on tient compte de deux grades pour avoir une meilleure idée de la maladie (le total des deux grades donne le score).

LE STADE (TAILLE DE LA TUMEUR DANS LA PROSTATE)

T0 Aucune indication d'une tumeur dans la prostate.

T1 La prostate semble normale et la tumeur a été découverte à la suite de la détection d'un taux d'APS élevé.

T2 La tumeur est palpable et confinée à la prostate.

T3 La tumeur déborde de la prostate (elle dépasse la capsule – enveloppe de la prostate – et/ou touche les vésicules séminales).

Lorsque le cancer de la prostate est localement avancé, il faut souvent avoir recours à des traitements d'association. Pour déceler la présence d'un cancer localement avancé, les médecins se fient à l'un des trois paramètres suivants : une tumeur agressive (score de 8 et plus sur l'échelle de Gleason), un taux d'APS de 20 ng/mL et plus ou un stade T3, qui indique que la tumeur a débordé de la prostate.

La décision de traiter ou non dépend de facteurs complexes. Cette décision est parfois difficile à prendre et elle exige une excellente communication entre le médecin et son patient. Le traitement doit être adapté au patient et tenir compte de ses opinions, de ses préférences et de ses attentes en matière de qualité de vie.

C'est pourquoi ce dernier ne doit pas hésiter à interroger son médecin sur sa maladie, sur son espérance de vie et sur les traitements existants. Il lui est conseillé de prendre le temps de réfléchir, de peser le pour et le contre de chaque option, d'aller chercher toutes les informations possibles et d'en parler avec sa famille. S'il en éprouve le besoin, le patient ne doit pas se gêner pour demander l'avis d'un autre médecin.

Dans le traitement du cancer localisé de la prostate, il n'existe pas de solution toute faite ; rien n'est « coulé dans le béton ». Le traitement repose sur l'approche du médecin – qui recherchera la meilleure façon d'optimiser les résultats chez son patient – et sur tous les éléments dont nous venons de parler. C'est pourquoi deux hommes qui ont le même type de tumeur ne seront pas nécessairement soignés de la même façon.

Le médecin ne peut pas prévoir avec précision l'évolution d'un cancer localisé de la prostate. Il dispose toutefois d'outils qui pourront guider le patient : ce sont les tables de Partin, de Kattan et d'Albertson (*voir à la fin du chapitre*). Il faut souligner que, pour les autres types de cancer, on ne dispose pas de ce genre d'échelles d'évaluation pour aider à prédire l'étendue du cancer et le risque qu'il représente pour le patient.

Cela dit, même lorsqu'on utilise ces échelles, il arrive qu'on découvre, au cours de la prostatectomie radicale – le cas échéant –, que le cancer a dépassé la capsule (la capsule est l'enveloppe de la prostate), que les marges sont positives (le cancer a atteint la limite du tissu enlevé) ou que les vésicules séminales sont atteintes. Le cancer peut donc changer de stade après l'opération si la tumeur est plus étendue qu'on ne l'avait cru au départ.

▓ LES OPTIONS QUI S'OFFRENT AU PATIENT

Les traitements qui s'offrent aux patients souffrant d'un cancer localisé de la prostate sont l'attente sous surveillance, la prostatectomie radicale (l'ablation de la prostate, précédée ou non d'une lymphadénectomie pour analyser les ganglions) et la radiothérapie (externe ou brachythérapie). Une association de traitements, à laquelle on peut ajouter l'hormonothérapie, peut être suggérée lorsque le cancer localisé est avancé. L'hormonothérapie n'est pas un traitement qui guérit par lui-même. Pour espérer vaincre la maladie, il faut l'associer à la chirurgie ou à la radiothérapie.

Répétons-le, les options de traitement dépendent du grade de la tumeur, de son stade et de l'espérance de vie du patient, qui est liée à son âge et à son état de santé général. En principe, un homme de moins de 70 ans a une espérance de vie supérieure à celle d'un homme de plus de 70 ans.

HOMMES DONT L'ESPÉRANCE DE VIE EST SUPÉRIEURE
À 10 ANS (HOMMES ÂGÉS DE MOINS DE 70 ANS EN GÉNÉRAL)

Les hommes relativement jeunes, dans la cinquantaine ou dans la soixantaine, sont plus susceptibles de décéder des suites de leur cancer de la prostate que les hommes âgés. Non pas parce que leur maladie est plus agressive, mais parce qu'il y a moins de risques qu'ils décèdent d'autre chose avant. Comme ils ont plus d'années devant eux, la maladie a beaucoup plus le temps d'évoluer. Voilà pourquoi les médecins leur suggèrent habituellement d'intervenir énergiquement pour s'en débarrasser le plus vite possible.

En général, la prostatectomie radicale ou la radiothérapie suffisent lorsque la tumeur ne déborde pas de la prostate. Ces traitements sont très efficaces : avec l'un comme avec l'autre, le taux de guérison est pratiquement aussi élevé 5 à 10 ans après le traitement. Plusieurs études montrent qu'après un an la qualité de vie (la vie avec les effets secondaires et les complications) est comparable pour les deux traitements. Après 10 ans, il semble que les récidives sont plus rares lorsqu'on a eu recours à la prostatectomie radicale.

En cas de cancer localement avancé, c'est-à-dire lorsque la tumeur est agressive (score élevé sur l'échelle de Gleason), lorsque l'APS est élevé ou lorsque la tumeur semble déborder de la prostate, le médecin pourra suggérer d'associer deux ou trois traitements : la prostatectomie radicale, la radiothérapie et/ou l'hormonothérapie. Si on opère et qu'on découvre que le cancer a réellement commencé à déborder de la prostate (mais sans toucher aux ganglions), le médecin peut ajouter la radiothérapie et/ou l'hormonothérapie à la prostatectomie radicale pour tenter d'améliorer les chances du patient (plus le cancer déborde de la prostate, plus les risques de récidive augmentent). Il s'agit d'une nouvelle approche qui, on l'espère, permettra de mieux maîtriser la maladie.

Les hommes qui souffrent de maladies graves en plus de leur cancer risquent de ne pas être de bons candidats à la prostatectomie radicale, qui est une chirurgie assez importante. On envisagera alors l'attente sous surveillance si la tumeur ne semble pas agressive, alors que la radiothérapie et/ou l'hormonothérapie pourront être un bon choix si la tumeur semble menaçante.

La radiothérapie a l'avantage de s'adresser à la fois aux hommes qui ont un bon état de santé général et à ceux qui sont en moins bonne santé. Cependant, elle comporte un inconvénient de taille : en général, elle ne permet plus de recourir à la prostatectomie radicale en cas de récidive du cancer. En effet, parce que la radiothérapie brûle les tissus de la prostate et les tissus alentour (ils deviennent durs et fibreux), il sera presque impossible d'enlever la prostate sans séquelles majeures. Les possibilités d'action seront donc réduites en cas de récidive. La prostatectomie radicale, elle, permet de se tourner ultérieurement sans trop de problèmes vers la radiothérapie. Du fait que plus le patient est jeune et plus le risque de récidive est élevé, voilà un inconvénient auquel il faut songer.

LES CAS DE MICHEL ET DE LAURENT

Michel a 56 ans. Il est postier et en excellente forme. Il souffre d'un cancer localisé de la prostate plutôt agressif : score 7 (grades 3 + 4 sur l'échelle de Gleason), stade T1 et taux d'APS de 9. Son médecin lui suggère la prostatectomie radicale et lui dit qu'il aura peut-être aussi besoin de traitements de radiothérapie, selon ce qu'on découvrira lors de l'opération. Michel n'hésite pas : il est sur le point d'être grand-père pour la première fois et il veut voir grandir ses petits-enfants. Il est conscient des effets secondaires et des complications du traitement, mais il estime que c'est un prix bien peu élevé pour pouvoir profiter encore longtemps de sa vie de famille.

Laurent lui, a 64 ans. Il prendra sa retraite dans un an et il a déjà tout planifié : il va s'acheter un voilier et partir à la conquête des mers du Sud avec son épouse. Mais voilà, son médecin lui annonce qu'il est atteint d'un cancer localisé de la prostate, qui ne semble cependant pas trop agressif. Son cancer est de score 5 (grades 3 + 2 sur l'échelle de Gleason) et au stade T1, et le taux d'APS est de 5. Le médecin lui propose les trois traitements possibles (l'attente sous surveillance, la prostatectomie radicale et la radiothérapie) en lui expliquant les avantages et inconvénients de chacun. Laurent hésite, il réfléchit et finit par choisir l'observation sous surveillance. Comme son cancer est susceptible d'évoluer lentement, il préfère attendre et profiter de ce voyage longtemps planifié. Il reviendra voir son médecin à son retour.

HOMMES DONT L'ESPÉRANCE DE VIE EST INFÉRIEURE À 10 ANS (HOMMES ÂGÉS DE PLUS DE 70 ANS EN GÉNÉRAL)

En général, à partir de 70 ans, on envisage l'attente sous surveillance pour les hommes qui sont aux prises avec un cancer localisé à évolution lente. Dans leur cas, l'évolution du cancer peut être si lente que les inconvénients d'un traitement risquent d'être plus importants que ses avantages et que les symptômes de la maladie. En outre, plus les patients sont âgés, plus il y a de risque qu'ils soient emportés par une autre maladie que le cancer.

Donc, lorsque l'espérance de vie est inférieure à 10 ans et que le cancer ne semble pas être trop agressif, il est souvent plus sage d'attendre et de donner du temps au patient au lieu de le soumettre à des traitements pénibles. Dans bien des cas, il sera possible d'intervenir quand la maladie se mettra à progresser. À ce moment-là, l'hormonothérapie sera une bonne solution pour freiner la maladie et estomper les symptômes. Elle pourra ralentir l'évolution de la maladie dans tout l'organisme et suffire chez certains patients.

La radiothérapie peut être une option si le cancer en est à un stade où la guérison est encore possible.

LE CANCER DES HOMMES PLUS ÂGÉS N'EST PAS « MOINS GRAVE »

On a tort de penser que le cancer de la prostate des hommes plus jeunes est « pire » que celui des hommes plus âgés (on parle ici de tous les cancers en général). Bien des gens croient que les cellules cancéreuses se multiplient plus rapidement chez les hommes dans la cinquantaine parce que leur métabolisme est plus rapide que celui de leurs aînés. Cette affirmation est entièrement fausse. Si le cancer est de même nature au départ, son évolution sera semblable quel que soit l'âge. Et, en principe, le traitement devrait être le même. Ce sont l'espérance de vie, les antécédents médicaux et les choix personnels qui feront la différence.

Il arrive que le médecin décide de recourir à la prostatectomie radicale, notamment lorsque la tumeur est agressive, lorsque le patient est encore en bonne santé et lorsqu'il a une bonne espérance de vie.

Par ailleurs, le médecin peut opter pour la radiothérapie, pour l'hormonothérapie ou pour ces deux traitements si le cancer a commencé à déborder un peu de la prostate ou s'il semble plus agressif et que la chirurgie n'est pas indiquée.

LES CAS DE WILLIAM ET D'YVON

À 71 ans, William est toujours aussi alerte et en bonne forme (aucun problème médical connu). Il est atteint d'un cancer localisé de la prostate de score 7 (grades 3 + 4 sur l'échelle de Gleason) et de stade T2, et son taux d'APS est de 10. Le médecin l'interroge sur ses antécédents familiaux et, lorsqu'il apprend que les parents de William sont décédés à 98 et 99 ans, il estime que son patient a sûrement lui aussi de belles années devant lui.
Il lui propose donc les trois options de traitement (l'attente sous surveillance, la prostatectomie radicale et la radiothérapie) en lui expliquant les avantages et les inconvénients de chacune. William opte pour la prostatectomie radicale afin de maximiser ses chances de guérison à long terme.

Yvon a 73 ans. Il a déjà subi un pontage coronarien. Son cancer de la prostate semble assez agressif : score 8 (grades 4 + 4 sur l'échelle de Gleason), stade T2 et taux d'APS de 20. Il désire un traitement qui permettra de maîtriser sa maladie et d'espérer une guérison. Étant donné son âge et ses antécédents cardiaques, on décide de ne pas recourir à la chirurgie, mais plutôt à la radiothérapie. En outre, l'ajout d'hormones pendant deux ou trois ans permettra une meilleure maîtrise à long terme de ce cancer agressif et augmentera les chances de survie.

■ L'ATTENTE SOUS SURVEILLANCE

Aussi surprenant que cela puisse paraître, il se peut qu'après avoir découvert un cancer confiné à la prostate le médecin préfère attendre avant de commencer un traitement. Comment expliquer cela ?

Dans bien des cas, le cancer de la prostate évolue lentement et peut, pendant une longue période, ne pas provoquer de symptômes, ne pas se propager et ne pas mettre la vie du patient en danger. Chez les hommes âgés (plus de 70 ans en général), il est possible qu'un cancer à évolution lente ne cause jamais de problème et que le patient décède d'autre chose. Lorsque tout indique que le cancer progressera lentement, le médecin préférera peut-être attendre une éventuelle manifestation de la maladie avant d'entreprendre un traitement.

L'attente sous surveillance peut aussi être indiquée pour les patients plus jeunes qui souffrent d'autres maladies graves qui constituent une plus grave menace pour l'espérance de vie que le cancer de la prostate.

De plus, certains hommes qui ne se sentent pas prêts à subir une prostatectomie radicale ou à entreprendre une radiothérapie pourront préférer, pour un certain temps, l'attente sous surveillance.

Évidemment, cela nécessite des examens périodiques (tous les trois ou six mois), lors desquels le médecin suit l'évolution du cancer en procédant à un toucher rectal et à une analyse sanguine de l'antigène prostatique spécifique (APS). S'il finit par s'apercevoir que le cancer progresse plus rapidement que prévu – car les cancers finissent tous par évoluer avec le temps –, il peut alors envisager un traitement actif (la radiothérapie et/ou l'hormonothérapie). Parfois, pour mieux suivre la situation, on fait une biopsie afin de déterminer si le grade ou le stade de la tumeur ont évolué.

Bien qu'il ne s'agisse pas d'un traitement, l'attente sous surveillance comporte sa part de complications. La maladie peut soudainement évoluer plus rapidement que prévu et parfois atteindre un stade non guérissable avant même que le médecin n'ait pu réagir. Cela n'arrive pas très souvent, mais c'est un risque dont il faut être conscient. Il faut savoir que le médecin ne dispose d'aucun outil fiable à 100 % pour suivre l'évolution d'un cancer.

■ LA PROSTATECTOMIE RADICALE (OU ABLATION DE LA PROSTATE)

La prostatectomie radicale est l'ablation complète de la prostate, une chirurgie que l'on pratique sous anesthésie générale (il ne s'agit pas de la même opération que pour l'hypertrophie bénigne de la prostate, au cours de laquelle on retire uniquement la partie interne de la prostate). La prostatectomie radicale est utile aux stades précoces, lorsque le cancer est confiné à la prostate. Les chances de guérison sont alors excellentes. Si les ganglions pelviens sont atteints, il est habituellement trop tard pour la chirurgie. Cela dit, grâce aux techniques d'investigation modernes, il est rare qu'on doive attendre l'opération pour s'apercevoir que le cancer est trop étendu pour pouvoir pratiquer la prostatectomie.

En cas de doute, cependant, le chirurgien peut commencer par faire une lymphadénectomie pelvienne. Cela consiste à prélever les ganglions au tout début de l'opération pour savoir si le cancer de la prostate s'y est déjà propagé. Le tissu retiré est envoyé au pathologiste et les résultats sont obtenus dans la demi-heure qui suit ; il s'agit

**PROSTATECTOMIE RADICALE
SANS PRÉSERVATION DES NERFS ÉRECTILES**

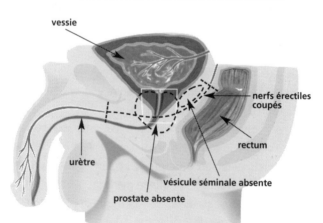

vessie

nerfs érectiles coupés

rectum

urètre

vésicule séminale absente

prostate absente

d'une procédure courante avec différentes sortes de cancers (celui de l'ovaire, notamment). Si le cancer a atteint les ganglions, on renonce généralement à faire l'ablation de la prostate, on referme la plaie et on se tourne vers d'autres traitements. Si les ganglions ne sont pas touchés, on procède à la prostatectomie radicale.

Pour ce faire, le chirurgien, qui a déjà fait une incision dans le bas-ventre (selon la technique rétropubienne), sectionne d'abord l'urètre, puis la vessie à la jonction avec la prostate (*voir le schéma «Anatomie de la prostate», au chapitre 1*). Ensuite, il coupe les canaux déférents, enlève la prostate ainsi qu'un peu de tissu adjacent et les vésicules

DÉMARCHES PRÉOPÉRATOIRES

Lorsque la chirurgie est envisagée, on procède à des analyses sanguines et d'urine, à un enregistrement de l'activité cardiaque (électrocardiogramme ou ECG) et, parfois aussi, à des examens radiologiques. Tous ces examens se font en externe quelques jours ou quelques semaines avant l'intervention. Il s'agit en fait d'évaluer l'état de santé général du patient. Ce dernier entre à l'hôpital la veille ou le matin de son opération et il se peut qu'on lui donne fasse prendre un laxatif afin de lui vider les intestins. Il ne doit pas avoir mangé ou bu dans les huit heures qui précèdent l'intervention.

Les transfusions sanguines sont rarement nécessaires, car, en général, le patient ne perd pas beaucoup de sang. Néanmoins, par précaution, certains centres hospitaliers demandent à leurs patients de fournir un peu de leur propre sang avant l'opération. On le jettera s'il n'est pas utilisé, car les hôpitaux n'ont pas le droit de le conserver ou de l'utiliser pour d'autres patients.

Par ailleurs, certains médecins prescrivent une hormonothérapie avant l'opération (*voir « L'hormonothérapie » plus loin dans ce chapitre*).

séminales (des petites poches juxtaposées à la prostate qui produisent des substances qui composent le sperme). Comme c'est souvent dans les vésicules que les cellules cancéreuses migrent en premier, on cherche ainsi à éviter de laisser des cellules cancéreuses. La prostate, les vésicules et les tissus prélevés sont analysés par le pathologiste, ce qui permettra au chirurgien de connaître exactement la nature de la tumeur.

Durant l'opération, qui dure en général entre deux et quatre heures, la vessie, qui était accolée à la prostate, est rattachée directement à l'urètre par des sutures. Le médecin prend soin de préserver le sphincter externe qui contrôle la continence (le sphincter est le muscle qui entoure l'urètre et qui le ferme en se contractant). Pendant que le patient est encore endormi, on insère une sonde urinaire dans l'urètre pour faciliter l'évacuation de l'urine durant la cicatrisation.

Lors de l'opération, il arrive que le rectum subisse une lésion, car il est accolé à la prostate. Cela ne se produit cependant que dans moins de 1 % des cas et, la plupart du temps, le chirurgien soigne cette lésion immédiatement.

À la fin de l'opération, on fait passer un petit drain (tube) à travers la paroi abdominale, tout près de l'incision, afin d'empêcher l'accumulation de liquide dans la région opérée ainsi qu'une éventuelle infection. En fait, des fuites d'urine temporaires peuvent se produire entre les points de suture. De même, après une lymphadénectomie pelvienne, il peut y avoir des fuites de liquide lymphatique provenant des ganglions pelviens. En général, on retire ce drain deux à trois jours après l'opération, avant que le patient ne quitte l'hôpital.

Depuis la fin des années 1990, certains centres de traitement proposent la prostatectomie radicale par laparoscopie. Au lieu de faire une seule incision, le chirurgien en fait entre quatre et six petites (d'environ un centimètre) dans le bas-ventre, par lesquelles il fait passer des instruments longs et minces qui lui permettent de pratiquer l'opération. Une caméra (endoscope) que l'on a glissée dans une des incisions guide ses gestes et lui permet de voir l'intérieur de l'abdomen. Rien ne prouve que cette technique permet de mieux traiter le cancer et maîtriser la continence et les érections que la chirurgie traditionnelle. Par contre, elle permet une récupération plus rapide. Pour l'instant, peu de chirurgiens ont suffisamment l'expérience de cette technique, mais cela pourrait changer au cours des prochaines années puisqu'ils sont de plus en plus nombreux à s'y intéresser et à l'apprendre.

Par ailleurs, de récents progrès en chirurgie ont permis d'améliorer la prostatectomie radicale par une technique appelée «prostatectomie radicale avec préservation des nerfs érectiles». Un chirurgien expérimenté est capable de distinguer les nerfs situés de chaque côté de la prostate et, lorsque c'est possible, de ne pas y toucher. Cette technique réduit de 50 % le risque de dysfonctionnement érectile (*voir «Les complications à long terme de la prostatectomie radicale»*). On l'utilise lorsque la taille et le siège de la tumeur le permettent : il ne faut pas que la tumeur soit trop grosse ni trop agressive. En outre, tous les chirurgiens n'utilisent pas cette technique, car elle est plus compliquée et délicate. Mieux vaut s'informer auprès de son médecin.

Il existe une autre façon de faire une prostatectomie radicale. Au lieu de passer par le bas-ventre (la technique rétropubienne), on retire le cancer en faisant une incision du périnée, entre les testicules et l'anus. C'est la technique périnéale, qui a largement été abandonnée depuis l'apparition de la technique rétropubienne, surtout parce que cette dernière permet de mieux préserver les nerfs érectiles. En outre, la technique périnéale ne permet pas d'évaluer l'état des ganglions pelviens puisque l'opération se fait par le périnée.

Enfin, le patient qui subit une prostatectomie radicale n'est pas à l'abri des complications générales qui peuvent survenir après n'importe quelle opération : constipation due aux médicaments contre la douleur, pneumonie résultant d'une congestion des poumons (des sécrétions ont pu s'accumuler dans les poumons pendant ou après l'opération), formation de caillots sanguins dans la jambe (phlébite) due à l'immobilité et infection de la plaie.

LES COMPLICATIONS À COURT TERME
DE LA PROSTATECTOMIE RADICALE

Les deux types de prostatectomie radicale nécessitent trois à cinq jours d'hospitalisation en moyenne et, toujours en moyenne, trois à six semaines de convalescence à la maison. Il s'agit d'une intervention assez importante qui comporte des complications à court terme.

Dans les premières semaines, l'opéré doit s'attendre à ressentir une certaine douleur à cause de l'incision dans le bas du ventre ou dans le périnée. La prostatectomie par laparoscopie entraîne aussi des douleurs, mais un peu moins marquées. Bien sûr, dans un cas comme dans l'autre, le médecin prescrit des analgésiques. Le patient peut marcher dès le lendemain et il reprend progressivement ses activités un mois après.

Le patient est sorti de l'hôpital avec une sonde dans l'urètre et un sac collecteur attaché à la cuisse. C'est un peu inconfortable, mais c'est invisible sous les vêtements et ça ne le gêne pas. Cela dit, la sonde peut irriter les parois de la vessie et entraîner des contractions. Le patient peut alors éprouver un besoin fréquent d'uriner, car les contractions donnent l'impression (fausse) que la vessie est pleine. Cette sensation désagréable est normale et, si nécessaire, le médecin prescrira des médicaments qui aideront la vessie à se relâcher.

Lorsque la sonde est retirée, une à trois semaines plus tard, la grande majorité des hommes éprouvent de la difficulté à maîtriser leurs mictions (besoin urgent d'uriner, perte d'urine en cas d'effort). L'incontinence urinaire est une complication normale à court terme. Pour 90 % des hommes, les choses rentrent graduellement dans l'ordre entre 1 et 12 mois après l'opération (moyenne : 3 à 6 mois). Pour que l'incontinence dure le moins longtemps possible, le patient peut recourir aux exercices de Kegel (*voir l'encadré « Pour réduire les risques de complications »*).

Enfin, le patient qui subit une prostatectomie radicale n'est pas à l'abri des complications générales qui peuvent survenir après n'importe quelle opération : constipation due aux médicaments contre la douleur, pneumonie résultant d'une congestion des poumons (des sécrétions ont pu s'accumuler dans les poumons pendant ou après l'opération), formation de caillots sanguins dans la jambe (phlébite) due à l'immobilité et infection de la plaie.

LES COMPLICATIONS À LONG TERME
DE LA PROSTATECTOMIE RADICALE

La prostatectomie radicale comporte des risques de complications à long terme dont il faut tenir compte. Les trois principales sont le dysfonctionnement érectile (l'impuissance sexuelle), l'incontinence urinaire et la sténose de l'urètre.

La complication la plus fréquente est le dysfonctionnement érectile. Il se produit lorsque les nerfs qui sont responsables de l'érection du pénis et qui sont situés très près de la prostate ont été sectionnés ou lésés pendant l'opération. Il est parfois possible de les épargner (c'est la technique de la prostatectomie radicale respectant les nerfs érectiles), mais ce n'est pas possible si la tumeur est trop grosse, trop agressive ou située trop près de ces nerfs. Il faut cependant savoir que l'utilisation de la technique de préservation des nerfs érectiles ne garantit pas que le patient pourra conserver ses capacités érectiles.

Après l'opération, il est pratiquement impossible d'avoir une érection. Les choses rentrent peu à peu dans l'ordre dans l'année qui suit pour environ 50 % des hommes dont on a préservé les nerfs érectiles. Pour les autres, de même que pour près de 100 % de ceux chez qui le chirurgien n'a pas pu préserver les nerfs, il y a de fortes chances que le dysfonctionnement érectile soit permanent.

Cependant, il existe des moyens de traiter le dysfonctionnement érectile (*voir chapitre 6*) et de permettre à la plupart des hommes de retrouver une capacité d'érection permettant une activité sexuelle satisfaisante. Les autres, par contre, c'est-à-dire 10 % à 15 %, ne pourront plus du tout avoir d'érections même avec l'aide de médicaments. On ne sait pas exactement pourquoi, mais il s'agirait sans doute d'une mauvaise vascularisation des tissus péniens due à l'état général du patient. Pour les hommes qui le désirent, la pose d'implants péniens permet une vie sexuelle « à peu près normale ».

Il est à noter que l'orgasme (la sensation de jouissance) n'est pas affecté, étant donné qu'il est contrôlé par d'autres nerfs, situés loin de

POUR RÉDUIRE LES RISQUES DE COMPLICATIONS

Il faut savoir que la convalescence se déroule mieux et peut être moins longue pour les hommes qui sont en bonne forme physique, qui ont un poids santé et qui ne fument pas. Pour se remettre en forme avant l'opération, il est sage de faire une activité physique régulière (en discuter avec son médecin avant). Faire une demi-heure de marche tous les jours suffit amplement : cela aide à développer la résistance physique et à perdre quelques kilos superflus.

Pour réduire le risque d'incontinence urinaire permanente, on recommande de faire, après l'opération, des exercices pubococcygiens (contraction des muscles du périnée) qu'on appelle « exercices de Kegel ». Il s'agit de contracter ces muscles pendant 5 à 10 secondes et de les relâcher tout en continuant à respirer normalement. Il est facile de situer les muscles du périnée : ce sont les muscles qui se resserrent lorsqu'on se retient d'uriner. On peut faire ces exercices debout, assis, couché, n'importe où, n'importe quand. On peut commencer à s'entraîner avant l'opération pour s'habituer à les faire et continuer pendant toute la convalescence. Soulignons toutefois que ces exercices ne peuvent pas prévenir l'incontinence.

En respirant profondément et en toussant, on parvient à éviter la pneumonie, qui est une des complications de n'importe quelle chirurgie. On peut commencer à le faire dès qu'on sort de l'opération. Il suffit de prendre une profonde inspiration, de la retenir cinq secondes avant d'expirer en vidant complètement les poumons. Tousser aide à déloger les sécrétions qui pourraient s'être accumulées à cause de la respiration artificielle durant l'opération. Il est recommandé de faire ces petits exercices plusieurs fois par jour jusqu'à la sortie de l'hôpital.

Quand le patient retourne chez lui, on lui conseille d'avoir une alimentation équilibrée (pour aider l'organisme à se remettre de l'anesthésie et de la chirurgie) et d'examiner sa plaie tous les jours (pour déceler d'éventuelles rougeurs ou des suintements).

la prostate. La libido aussi sera préservée, à moins que le patient n'ait suivi une hormonothérapie (*voir «L'hormonothérapie», plus loin dans ce chapitre*). Par ailleurs, comme la prostate et les vésicules séminales ne sont plus là et que les canaux déférents ont été coupés, les orgasmes ne seront plus accompagnés d'éjaculations. Ce qui signifie que l'homme ne sera désormais plus capable de concevoir d'enfants.

Quelque 5 % à 10 % des hommes souffrent en permanence d'une incontinence à l'effort, c'est-à-dire qu'ils laissent passer des gouttes d'urine lorsqu'ils toussent, rient, éternuent ou forcent (pour soulever un objet lourd, par exemple). Les exercices de Kegel peuvent apporter une amélioration (*voir encadré «Pour réduire les risques de complications»*).

Environ 3 % des hommes qui ont subi une prostatectomie radicale sont aux prises avec une incontinence totale et permanente. Ils sont incapables de contrôler leurs mictions. En général, c'est parce que le sphincter urinaire (le muscle qui entoure l'urètre et qui le ferme en se contractant) n'est plus capable de se contracter comme il le faisait avant l'opération. Néanmoins, il est possible de faire installer un sphincter artificiel qui fera le même travail que le sphincter naturel.

La sténose de l'urètre est le rétrécissement de l'urètre juste sous la vessie, qui survient lorsque les tissus cicatriciels entre la vessie et l'urètre se sont trop resserrés. Cela rend les mictions difficiles (jet urinaire faible et incontinence parfois) et douloureuses dans certains cas. Heureusement, il s'agit d'une complication mineure qui se règle par une petite opération (une dilatation et/ou une incision des tissus cicatriciels).

LES RÉSULTATS ET LE SUIVI MÉDICAL

Il est impossible de donner un taux de réussite général de la prostatectomie radicale. Ce taux varie en fonction de chaque cas parce qu'il faut tenir compte du grade réel de la tumeur (celui qu'on a effectivement constaté lors de l'opération), de son stade de dissémination et du taux d'APS d'avant le traitement. Moins ces données sont élevées, meilleures sont les chances que le patient soit définitivement tiré d'affaire.

Par exemple, avec un score de 5 (grades 2 + 3 sur l'échelle de Gleason), un stade T1 et un taux d'APS de 8, les chances de guérison atteignent 90 %. Par contre, si le score est de 7 (grades 4 + 3 sur l'échelle de Gleason), le stade T2 et le taux d'APS de 10, le risque de récidive augmente. En fait, il pourrait rester des cellules isolées dans l'espace qu'occupait la prostate. Elles pourraient donc un jour ou l'autre se développer et former une nouvelle tumeur (récidive locale).

Par ailleurs, il arrive que l'on découvre, au cours de l'opération, que le cancer a dépassé la capsule (l'enveloppe de la prostate) ou que les marges sont positives (le cancer a atteint la limite du tissu enlevé), ou, encore, que les vésicules séminales sont atteintes. Cela correspond au stade T3 et les risques de récidive sont encore plus élevés.

Selon la probabilité de récidive (locale ou ailleurs dans l'orga nisme) de son patient, le médecin peut décider d'ajouter un autre traitement (radiothérapie et/ou hormonothérapie) après la prostatectomie.

Environ un mois après l'opération, le patient retourne chez son médecin pour un examen de contrôle. C'est souvent lors de cette rencontre qu'on lui prescrit un médicament pour l'aider à retrouver sa capacité érectile (*voir chapitre* 6). Pendant quatre à six mois, le patient devrait éviter de faire trop d'efforts physiques (soulever des objets lourds, par exemple).

Le patient continue ensuite d'être suivi régulièrement par son médecin, tous les trois à six mois, selon le cas. Si tout va bien après cinq ans, on passe à un suivi annuel. Le médecin fait chaque fois un dosage de l'APS puisque c'est le test qui prédit le mieux le risque de récidive du cancer de la prostate. Il fait aussi parfois un toucher rectal. Après l'opération, le taux d'APS devrait être indécelable puisqu'il n'y a plus de prostate pour produire l'antigène. Si le taux augmente, c'est qu'on est probablement en présence d'une récidive. Le cas échéant, la radiothérapie et/ou l'hormonothérapie pourront être prescrites.

À chaque consultation, une prise de sang permet au médecin de surveiller le taux d'APS. Il évalue trois paramètres : si le taux d'APS augmente, combien de temps après l'opération cela s'est-il produit ? Et combien de temps faut-il à ce taux pour doubler (c'est sa vélocité) ? Plus ces périodes sont courtes, plus le risque de récidive est grand et plus cette récidive sera agressive. Par exemple, un taux d'APS qui recommence à monter huit mois après l'opération et qui double en six mois est beaucoup plus inquiétant qu'un taux d'APS qui commence à grimper trois ans après la chirurgie et qui met un an à doubler.

Après cinq ans sans récidive (c'est la période de rémission), le risque de récidive est très faible.

▦ LA RADIOTHÉRAPIE EXTERNE

La radiothérapie vise à détruire les cellules cancéreuses de la prostate en les exposant à des rayons ionisants (radioactifs). On l'utilise lorsque le cancer est limité à la prostate et les résultats sont souvent très bons. Lorsque le cancer semble agressif, on peut prescrire une hormonothérapie (*voir « L'hormonothérapie» un peu plus bas dans ce chapitre*) dans les mois qui précèdent et qui suivent la radiothérapie.

Les bienfaits que procurent les rayons ionisants ne sont pas immédiats, mais graduels, parce qu'ils dépendent de l'effet cumulé des séances de traitement. Puisque la mort cellulaire continue plusieurs mois après la fin de la radiothérapie, il faut bien souvent attendre un an après le début des traitements pour en évaluer les résultats. La radiothérapie est devenue beaucoup plus précise ces dernières années et on la qualifie maintenant de «radiothérapie conformationnelle tridimensionnelle». C'est le traitement standard, qui est pratiqué dans la plupart des centres de traitement.

On utilise de puissants ordinateurs et tomographes (CT-SCAN) qui repèrent la prostate avec plus d'exactitude et en donnent une image en trois dimensions. Cela permet d'administrer les rayons beaucoup plus précisément, ce qui maximise l'effet sur les cellules cancéreuses et réduit les conséquences de l'irradiation sur les tissus environnants. Les fins faisceaux de rayons ionisants sont dirigés vers le bas-ventre pour atteindre la prostate et les vésicules séminales. C'est souvent dans les vésicules que les cellules cancéreuses migrent en premier et on cherche à éviter d'y laisser des cellules cancéreuses.

La radiation – qui est indolore – ne dure que de deux à quatre minutes. Elle ne nécessite pas d'anesthésie locale ou générale. En fait, pour le patient, cela ressemble un peu à des examens de radiographie (rayons X). En général, cette radiothérapie externe comporte environ 35 séances, à raison de cinq jours par semaine pendant sept semaines. Il n'y a pas d'hospitalisation. Comme les rencontres sont très fréquentes, on fait des marques sur la région à irradier, des sortes de petits tatouages qui durent le temps du traitement. Actuellement, des chercheurs étudient la possibilité et l'efficacité d'un traitement qui se ferait en deux fois moins de séances, mais à des doses plus fortes.

L'irradiation est très précise, mais il est presque impossible de ne pas toucher les nerfs érectiles et les cellules saines qui sont situées à proximité de la prostate (cellules du rectum et de la vessie). C'est pour éviter le plus possible de les endommager que la radiothérapie est appliquée à faibles doses et qu'on procède à plusieurs traitements (on veut aussi éviter le plus de complications possible). Ainsi, les cellules saines peuvent récupérer et survivre, tandis que les autres finissent par disparaître. L'urètre, qui traverse la prostate, est composée d'un tissu extrêmement résistant, de sorte qu'il est peu affecté par la radiothérapie.

LES EFFETS SECONDAIRES DE LA RADIOTHÉRAPIE EXTERNE

La radiothérapie externe peut avoir divers effets secondaires : fatigue (de nombreux patients ont besoin de faire une sieste dans la journée), réactions cutanées dans la région pubienne (rougeurs) et perte de poils aux endroits touchés par le faisceau de rayons. Le patient ne perd pas de poils ailleurs et il ne perd pas ses cheveux non plus.

Parce que la radiothérapie finit par affecter la vessie et le rectum, qui sont accolés à la prostate, certains hommes ont de fréquentes envies d'uriner – qui les forcent à se lever la nuit –, des envies urgentes, du sang dans les urines et une sensation de brûlure à la miction. Ils peuvent aussi souffrir de diarrhée, d'irritation anale ou de saignements rectaux. Certains médicaments peuvent être prescrits pour aider à régler ces problèmes.

La plupart des effets secondaires disparaissent progressivement dans l'année qui suit la fin du traitement.

LES COMPLICATIONS À LONG TERME DE LA RADIOTHÉRAPIE EXTERNE

Il arrive parfois que les fonctions intestinale et urinaire ne reviennent pas à la normale à la fin du traitement. Cela se produit chez 5 % à 10 % des hommes. Certains médicaments (comme la cortisone, qui permet de réduire l'inflammation du rectum) et les relaxants musculaires peuvent parfois soulager.

En outre, chez 40 % à 60 % des hommes, les rayons ionisants causent un dysfonctionnement érectile permanent. Cependant, contrairement aux autres effets secondaires, le trouble de l'érection apparaît progressivement plusieurs mois (parfois même jusqu'à deux ans) après le traitement. Du fait que la mort des cellules est progressive, l'homme conserve sa capacité d'érection au début, mais celle-ci diminuera avec le temps. Il existe toutefois des solutions pour lui permettre d'avoir des érections et de retrouver une vie sexuelle satisfaisante (*voir chapitre 6*).

Par ailleurs, comme la radiothérapie a « desséché » la prostate, il se peut qu'elle ne produise plus les substances qui composent le sperme et nourrissent les spermatozoïdes (*voir « Les fonctions de la prostate »*, *chapitre 1*). Les patients peuvent s'attendre à une diminution importante de l'éjaculat et ils deviennent habituellement infertiles. Soulignons que l'orgasme (sensation de jouissance) n'est pas affecté, car il est contrôlé par d'autres nerfs, situés loin de la prostate. La libido aussi sera préservée, à moins que le patient n'ait suivi une hormonothérapie (*voir « L'hormonothérapie »*, *plus loin dans ce chapitre*).

LES RÉSULTATS ET LE SUIVI MÉDICAL

Comme pour la prostatectomie radicale, il est impossible de donner un taux de réussite général avec la radiothérapie. Cela varie en fonction de chaque cas parce qu'il faut tenir compte du grade diagnostiqué de la tumeur, de son stade de dissémination et du taux d'APS avant le traitement. Moins ces données sont élevées, meilleures sont les chances que le patient soit définitivement tiré d'affaire.

Ainsi, on considère qu'un homme dont le taux d'APS est inférieur à 10 ng/mL, qui a un score de 6 (grades de 3 + 3 sur l'échelle de Gleason) et un stade T1 ou T2 est peu susceptible d'avoir une récidive, tandis que celui qui présente soit un taux d'APS supérieur à 20, soit un score de 8 et plus sur l'échelle de Gleason, soit un stade T3 sera considéré comme étant à risque élevé de récidive locale ou ailleurs dans l'organisme (il suffit qu'il présente une de ces trois caractéristiques avant le traitement). D'emblée, le médecin pourra lui recommander une hormonothérapie avant et/ou après le traitement.

Le toucher rectal et le dosage de l'antigène prostatique spécifique (APS), effectués régulièrement – tous les trois ou six mois –, permettent au médecin de surveiller l'état de son patient. Le taux d'APS devrait commencer à diminuer dans les mois qui suivent le début du traitement. Il arrive que ce taux continue de baisser un an après le traitement. Plus le taux chute, meilleures sont les chances que le cancer soit maîtrisé. Avec la radiothérapie, on ne s'attend pas à ce que le taux d'APS tombe à 0 ng/mL puisqu'il est pratiquement impossible de détruire 100 % des cellules prostatiques. D'ordinaire, le taux d'APS descend à moins de 1 ng/mL et s'y maintient.

LE PÉNIS RAPETISSE-T-IL RÉELLEMENT?

Certains hommes ont l'impression que la prostatectomie radicale et la radiothérapie externe ont fait raccourcir leur pénis. Il semble que ce ne soit pas vraiment le cas. Cette impression résulte peut-être du fait que, s'il reste longtemps sans érection, le pénis peut se rétracter faute d'afflux sanguin. D'ailleurs, pour éviter que le manque de sang et d'oxygène ne cause une fibrose (un durcissement) des tissus péniens, on incite les hommes à avoir des érections le plus tôt possible après l'opération ou pendant et après leur traitement de radiothérapie. Cela augmente les chances de retrouver une capacité d'érection naturelle.

Si le taux d'APS recommence à monter à un certain moment, le médecin surveillera combien de temps il lui faut pour doubler. Plus cette période est courte, plus les risques d'une récidive sont élevés et plus cette récidive sera agressive.

Lorsque le patient commencera à éprouver des troubles de l'érection, le médecin lui prescrira un médicament lui permettant de retrouver sa capacité érectile (*voir chapitre 6*).

Le patient est suivi pendant au moins cinq ans après son traitement de radiothérapie. Après cinq années sans récidive, si tout va bien, on passe à un suivi annuel. Les risques que le cancer revienne sont alors faibles.

▨ LA BRACHYTHÉRAPIE (OU CURIETHÉRAPIE)

La radiothérapie peut être pratiquée autrement que par des rayons radioactifs extérieurs. Avec la brachythérapie, le rayonnement est émis à partir de petits grains radioactifs (de la taille de grains de riz) qui sont insérés directement dans la prostate. La brachythérapie n'est efficace que lorsque le cancer n'est pas trop agressif : taux d'APS de moins de 10, score de 6 (grades de 3 + 3 sur l'échelle de Gleason) et moins, stade T1 ou T2 (le diagnostic doit comporter les trois caractéristiques).

Il faut aussi que la prostate ne soit pas trop volumineuse, car le traitement la fait grossir temporairement et cela risquerait de comprimer l'urètre (le patient serait alors incapable d'uriner et ressentirait des malaises importants). Il arrive que le médecin prescrive une hormonothérapie provisoire avant l'intervention (pendant trois mois environ) dans le but de réduire la taille de la prostate (*voir « L'hormonothérapie », un peu plus loin dans ce chapitre*). En outre, le patient ne doit pas non plus présenter de symptômes importants de prostatisme (liés à une obstruction de la vessie par la prostate [*voir le chapitre 1*]), parce que ces symptômes empireraient.

Le principal avantage de la brachythérapie, c'est qu'elle nécessite beaucoup moins de visites à l'hôpital et qu'elle permet une récupération plus rapide. Alors que la radiothérapie externe exige une trentaine de traitements, la brachythérapie est un traitement qui se fait en une seule journée. De plus, il n'y a pas de période de convalescence ou de stress opératoire, comme avec la prostatectomie radicale.

Le médecin soumet d'abord le patient à une échographie transrectale (*voir chapitre 3*) afin de bien voir la prostate pour pouvoir placer correctement les grains radioactifs. On introduit ensuite ces derniers dans la prostate en passant à travers le périnée, qui est situé entre les testicules et l'anus. On les insère à l'aide d'une tige de plomb afin de conserver la radioactivité. Cette intervention chirurgicale se pratique sous anesthésie générale ou péridurale (anesthésie de la taille aux pieds). De rares centres proposent une anesthésie locale, mais beaucoup de patients la jugent inconfortable. En général, la brachythérapie n'exige pas d'hospitalisation.

Le nombre de grains radioactifs qui sont insérés dans la prostate dépend de la taille de la glande. Il faut en effet qu'il y ait des grains partout dans la prostate pour que la radiothérapie soit efficace. En moyenne, les médecins en insèrent une cinquantaine. Ces grains sont cependant trop petits pour que le patient puisse les sentir.

LA BRACHYTHÉRAPIE

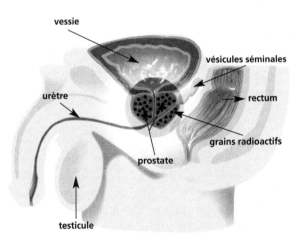

Les grains émettent une radiation pendant un certain temps seulement (moins d'un an, en général). Ils restent à vie dans la prostate (il est impossible de les enlever), mais ils ne causent aucun dommage. Soulignons aussi qu'il est extrêmement rare que les grains sortent de la prostate. À noter aussi que la brachythérapie ne rend pas le patient radioactif !

En Amérique du Nord, la brachythérapie est de plus en plus pratiquée parce que c'est un traitement moins exigeant que la radiothérapie traditionnelle et moins éprouvant que la prostatectomie radicale. Néanmoins, elle n'est indiquée que lorsque le cancer n'est pas agressif et on ne la propose pas dans tous les centres de traite-

LA BRACHYTHÉRAPIE
À HAUT DÉBIT DE DOSE

C'est une autre forme de brachythérapie, dans laquelle les doses de radiothérapie sont beaucoup plus élevées et l'élément radioactif n'est laissé que pendant 24 heures seulement dans la prostate.

L'intervention chirurgicale est très semblable à celle concernant la brachythérapie standard, sauf que ce ne sont pas des grains permanents que l'on insère dans la prostate. Lorsque le patient est sous anesthésie, en salle d'opération, on introduit des tiges dans sa prostate en passant par le périnée (on en insère entre 12 et 15 en moyenne). On transfère ensuite le patient dans une salle spéciale et on envoie des ondes radioactives dans les tiges. Une fois la dose atteinte, on retire les tiges.

La brachythérapie à haut débit de dose n'est pas utilisée comme traitement unique (il ne serait pas efficace), mais on étudie actuellement son potentiel lorsqu'on la jumelle à la radiothérapie externe. Elle permet de réduire de moitié le nombre de traitements de radiothérapie, mais on ne connaît pas encore son efficacité ni ses effets secondaires à long terme. Ses effets à court terme sont très semblables à ceux de la radiothérapie externe.

ment (elle coûte très cher). Cela dit, on ne sait pas encore vraiment si elle est aussi efficace que la radiothérapie externe ou la prostatectomie radicale.

LES EFFETS SECONDAIRES DE LA BRACHYTHÉRAPIE

La prostate ayant été percée à plusieurs reprises, ce traitement la fait enfler. Cela peut causer des problèmes de miction (douleurs à la miction, besoin urgent d'uriner, difficulté à uriner, sensation de brûlure) et parfois même un blocage complet des urines. Si ce blocage se produit même si on prescrit des médicaments pour tenter de le prévenir, on installe temporairement une sonde urinaire qui va permettre de vider la vessie. En général, ces symptômes s'estompent avec le temps. Certains médicaments peuvent aider à limiter les autres effets secondaires urinaires.

La brachythérapie comporte des effets secondaires supplémentaires : diarrhée, irritation anale, saignements rectaux. Ces effets durent en moyenne trois à quatre mois et le médecin peut prescrire des médicaments pour tenter de les soulager.

La fatigue, les réactions cutanées dans la région pubienne et la perte de poils sont beaucoup moins prononcées qu'avec la radiothérapie standard.

LES COMPLICATIONS À LONG TERME DE LA BRACHYTHÉRAPIE

La brachythérapie entraîne un dysfonctionnement érectile permanent chez 20 % à 50 % des hommes. Et, comme pour la radiothérapie externe, les troubles de l'érection commencent dans les mois qui suivent, pas immédiatement. Le médecin peut alors prescrire un médicament afin que le patient retrouve sa capacité érectile (*voir chapitre 6*).

Par ailleurs, comme la radiothérapie externe, la brachythérapie « dessèche » la prostate. Celle-ci ne peut donc plus produire de substances qui composent le sperme et nourrissent les spermatozoïdes (*voir chapitre 1*). Les hommes peuvent s'attendre à une diminution importante de l'éjaculat et ils deviennent habituellement infertiles. Cela dit, l'orgasme (sensation de jouissance) n'est pas affecté, car il est contrôlé par des nerfs situés loin de la prostate. La libido aussi sera préservée, à moins que le patient n'ait suivi une hormonothérapie (*voir « L'hormonothérapie », plus loin dans ce chapitre*).

Enfin, la brachythérapie entraîne très rarement de l'incontinence urinaire à long terme.

LES RÉSULTATS ET LE SUIVI MÉDICAL

Comme pour les autres formes de traitement, il est impossible de donner un taux de réussite général avec la brachythérapie. Ce taux est différent pour chaque individu parce qu'il faut tenir compte du grade diagnostiqué de la tumeur, de son stade de dissémination et du taux d'APS avant le traitement. Moins ces données sont élevées, meilleures sont les chances que le patient soit définitivement tiré d'affaire.

Un toucher rectal et le dosage de l'antigène prostatique spécifique (APS), effectués régulièrement – tous les trois ou six mois –, permettent au médecin de surveiller l'état du patient. Le taux d'APS devrait commencer à diminuer dans les mois qui suivent le début du traitement. Il arrive que le taux continue à baisser un an après le traitement. Plus le taux chute, meilleures sont les chances que le cancer soit maîtrisé. Après cinq ans, si tout va bien, on passe à un suivi annuel.

Si le taux d'APS recommence à monter à un certain moment, le médecin surveillera combien de temps il lui faut pour doubler. Plus cette période est courte, plus les risques d'une récidive sont élevés et plus cette récidive sera agressive. Par contre, comme la brachythérapie s'adresse aux hommes qui souffrent d'un cancer qui ne semble pas trop agressif, on estime que le risque de récidive est plutôt faible.

Les résultats à long terme de la brachythérapie sont moins bien connus que ceux de la radiothérapie externe et de la prostatectomie radicale, car s'agit d'une technique plus récente.

■ L'HORMONOTHÉRAPIE

Il arrive qu'une hormonothérapie soit recommandée quelques mois (de trois à huit mois) avant une radiothérapie externe ou une brachythérapie pour réduire la taille de la tumeur. Cela la rend plus facile à irradier. C'est ce qu'on appelle une « hormonothérapie néoadjuvante ». Certains médecins prescrivent une telle hormonothérapie avant la prostatectomie radicale (afin qu'il soit plus facile d'enlever toute la prostate), mais c'est un traitement qui est encore à l'étude et on ne sait pas s'il augmente réellement les chances de guérison.

L'hormonothérapie adjuvante est celle que l'on administre après une radiothérapie ou après une prostatectomie radicale. Le médecin y a recours lorsqu'il estime (par le grade, le stade et le taux d'APS) que des cellules cancéreuses peuvent être disséminées dans l'organisme. Cela ne signifie pas que le patient ait des métastases, mais qu'il y a risque de récidive si des cellules isolées, qui sont souvent indécelables, demeurent dans l'organisme. En effet, le traitement initial ne tue pas les cellules qui sont sorties de la prostate. Il vaut donc mieux les annihiler tout de suite avec une hormonothérapie qui agit dans l'ensemble du corps. L'hormonothérapie adjuvante peut durer entre un et trois ans.

Pour faire une hormonothérapie néoadjuvante ou adjuvante, le médecin administre surtout des analogues de la LH-RH (*luteinizing hormone-releasing hormone* en anglais, soit hormone de libération de la gonadotrophine en français). Ce sont des composés synthétiques qui imitent la LH-RH produite par l'organisme. Ces médicaments empêchent les testicules de produire de la testostérone. On sait que la testostérone « nourrit » le cancer de la prostate (*voir chapitre 2*). En faisant cesser la production de testostérone, on réduit la taille de la tumeur et de la prostate. Le médicament est administré par injections régulières.

À elle seule, l'hormonothérapie ne guérit pas le cancer, mais elle peut ralentir l'évolution de la maladie et suffire chez certains patients, notamment ceux dont l'espérance de vie est moins longue.

Il n'existe pas pour l'instant de consensus sur l'utilisation idéale de l'hormonothérapie pour les cancers localisés de la prostate, car son usage dans ce type de cancer est très récent (il date des années 1990). Cela dit, il est bien établi que les cancers localement avancés (score de 8 et plus sur l'échelle de Gleason, stade T3 et/ou taux d'APS de 20 ng/mL et plus) justifient une hormonothérapie lorsqu'on envisage une radiothérapie. En dehors de ces cas, cependant, les données scientifiques ne permettent pas encore d'établir avec précision son efficacité ni de déterminer exactement à qui il faut la prescrire, à quelle étape du traitement et combien de temps elle doit durer. En l'absence de ces paramètres, les médecins se fient à leur jugement. Il est fort probable que d'ici quelques années la science aura fait des progrès dans ce domaine.

En présence de métastases ganglionnaires (découvertes lors de l'opération ou estimées à l'aide de la table de Partin), la prostatectomie radicale et la radiothérapie ne suffisent pas. L'hormonothérapie à plus long terme est alors indiquée pour permettre de maîtriser la maladie dans tout l'organisme (*voir chapitre 5*).

LES EFFETS SECONDAIRES DE L'HORMONOTHÉRAPIE

L'hormonothérapie entraîne indirectement un dysfonctionnement érectile. En fait, elle cause une baisse de la libido dès les premières semaines (en raison d'une chute du taux de testostérone). En l'absence de libido, le patient aura beaucoup plus de difficulté à avoir une érection. Les médicaments qui facilitent l'érection ne sont pas d'un grand secours lorsqu'il n'y a plus de libido.

L'hormonothérapie peut souvent causer des bouffées de chaleur, de l'anémie, de la fatigue, des changements d'humeur, une augmentation du poids et une perte de masse musculaire. Certains patients vont constater un développement des seins. Il existe des médicaments qui permettent parfois réduire l'intensité des bouffées de chaleur, mais il n'y a guère de traitement pour maîtriser les autres effets secondaires.

Si l'hormonothérapie ne dure pas trop longtemps (moins d'un an), les effets secondaires disparaissent dans la plupart des cas et la libido revient. L'augmentation mammaire ne se résorbe pas, mais elle cesse d'évoluer.

LES COMPLICATIONS À LONG TERME DE L'HORMONOTHÉRAPIE

Plus l'hormonothérapie dure longtemps, plus ses effets secondaires risquent d'être permanents. En outre, on constate une perte de la masse osseuse (ostéoporose) après un an de traitement. Certains médicaments peuvent être prescrits pour prévenir cette complication ou pour tenter de la traiter. Après deux ans, un certain nombre de patients doivent s'habituer à vivre définitivement avec les effets secondaires, y compris la perte de libido. Cependant, la plupart des hommes les acceptent très bien puisque ce traitement ralentit la progression de la maladie et leur ajoute des années de vie.

LES RÉSULTATS ET LE SUIVI MÉDICAL

Le toucher rectal et le dosage de l'antigène prostatique spécifique (APS), effectués régulièrement – tous les trois à six mois –, permettent au médecin de surveiller l'état du patient. Plus le taux chute, meilleures sont les chances que la maladie soit maîtrisée. Toutefois, on ne visera pas tant un taux d'APS de 0 ng/mL qu'une stabilisation de ce taux (si le patient a aussi subi une prostatectomie radicale, l'APS devrait être indécelable). Tant qu'il reste stable, tout va bien.

Si le taux d'APS recommence à monter à un certain moment, le médecin surveillera combien de temps il lui faut pour doubler. Plus cette période sera courte, plus le risque de récidive sera élevé et plus cette récidive sera agressive. Le cas échéant, il faut se tourner vers les traitements abordés dans le chapitre suivant. Le cancer de la prostate sera alors devenu un cancer hormonorésistant (donc avancé).

■ CE QU'IL FAUT RETENIR

Trois facteurs guident le traitement localisé du cancer de la prostate : le grade de la tumeur, le stade et le taux d'APS. Ces éléments aident à évaluer la nature de la maladie et le risque qu'elle soit mortelle dans les années à venir. Le médecin tient également compte de l'âge du patient, de son espérance de vie ainsi que de ses antécédents médicaux et familiaux.

En général, la prostatectomie radicale ou la radiothérapie suffisent lorsque la tumeur ne déborde pas de la prostate. Ces deux formes de traitement sont très efficaces : pour chacune d'elles, le taux de guérison est pratiquement aussi élevé 5 à 10 ans après le traitement. À long terme, cependant, les récidives semblent plus rares après 10 ans lorsqu'on a eu recours à la prostatectomie radicale.

En cas de cancer localement avancé, le médecin pourra suggérer d'associer deux ou trois traitements : la prostatectomie radicale, la radiothérapie et/ou l'hormonothérapie. Si les ganglions pelviens sont atteints, il est habituellement trop tard pour la chirurgie ou pour la radiothérapie. L'hormonothérapie peut alors permettre de maîtriser la maladie dans tout l'organisme. En commençant l'hormonothérapie avant l'apparition de métastases osseuses, les chances de survie sont nettement améliorées.

Il est impossible de donner un taux de réussite général des divers traitements. Cela est différent pour chaque individu parce qu'il faut tenir compte du grade de la tumeur, de son stade de dissémination et du taux d'APS avant le traitement. Moins ces données sont élevées, meilleures sont les chances que le patient soit définitivement tiré d'affaire.

Par ailleurs, lorsque l'espérance de vie est inférieure à 10 ans et que le cancer localisé semble être d'évolution lente, il est souvent plus sage d'attendre plutôt que de soumettre le patient à des traitements pénibles. Il s'agit alors de l'attente sous surveillance. Il sera souvent possible d'intervenir lorsque la maladie progressera. L'hormonothérapie pourra être une bonne solution pour freiner la maladie et estomper les symptômes. La radiothérapie pourrait aussi être une option si le cancer en est encore à un stade de guérison possible.

Le dysfonctionnement érectile affecte environ 50 % des hommes qui ont subi une prostatectomie radicale avec préservation des nerfs érectiles. Ce dysfonctionnement atteint d'ordinaire 100 % de ceux chez lesquels le chirurgien n'a pas pu préserver les nerfs. Chez les hommes qui ont subi une radiothérapie externe, le risque de troubles de l'érection permanents atteint de 40 % à 60 %. Ce risque est de 20 % à 50 % lorsqu'on a recours à la brachythérapie, une autre forme de radiothérapie.

Cependant, il existe des moyens de traiter le dysfonctionnement érectile (*voir chapitre 6*) et de permettre à la plupart des hommes de retrouver une capacité d'érection suffisante pour avoir une vie sexuelle satisfaisante.

L'hormonothérapie entraîne indirectement un dysfonctionnement érectile à cause de la baisse de libido qui survient dès les premières semaines (parce qu'il y a chute de la production de testostérone). Si l'hormonothérapie ne dure pas trop longtemps (moins d'un an), ses effets secondaires disparaissent assez facilement.

L'incontinence urinaire à l'effort est une complication qui touche 10 % des hommes qui ont subi une prostatectomie, alors que 1 % à 5 % d'entre eux vivent avec une incontinence permanente. La radiothérapie entraîne des problèmes urinaires permanents chez 5 % à 10 % des hommes. Ces complications sont plus rares avec la brachythérapie et nulles avec l'hormonothérapie.

En effectuant régulièrement un toucher rectal et un dosage de l'antigène prostatique spécifique (APS) – tous les trois ou six mois –, le médecin arrive à surveiller l'état de son patient. Le taux d'APS devrait diminuer et rester stable après le traitement. Une hausse indique un risque de récidive.

LES OUTILS DIAGNOSTIQUES

LA TABLE DE PARTIN

À la fin des années 1990, le Dr Alan W. Partin, du Johns Hopkins Medical Center, aux États-Unis, a mis au point une table (une échelle) qui aide à établir l'étendue du cancer localisé de la prostate au moment du diagnostic lorsqu'on envisage une prostatectomie radicale. Pour ce faire, il a recueilli des données sur des milliers de patients ayant subi une prostatectomie radicale et une lymphadénectomie pelvienne (ablation des ganglions, [*voir chapitre 3*]).

QUESTIONS À POSER AU MÉDECIN

- De quelle sorte de cancer s'agit-il ? Est-il confiné à la prostate ou a-t-il commencé à faire des métastases ?
- La tumeur est-elle agressive ?
- Y a-t-il d'autres examens à faire ?
- Quels sont les traitements possibles ? De quoi le médecin tient-il compte ? Que conseillera-t-il en particulier ?
- Quels sont les avantages et les inconvénients de chaque traitement ?
- Les traitements ont-ils des conséquences à long terme ? Lesquelles ? Dans quelle proportion risquent-elles de se produire ? Y a-t-il un moyen de les prévenir ? Le médecin peut-il les traiter ?
- Quelles sont les chances de guérir du cancer ?
- Le médecin est-il capable de le soigner ou faut-il aller voir un de ses confrères ?
- Est-il nécessaire de cesser de travailler durant le traitement ?
- Faut-il changer ses habitudes de vie pendant le traitement ? Lesquelles et pourquoi ?
- Est-il possible d'avoir une vie sexuelle pendant et après le traitement ?

Le Dr Partin a découvert qu'en combinant le grade de malignité selon l'échelle de Gleason, le stade (l'impression de l'étendue de la tumeur telle qu'elle est perçue lors du toucher rectal) et le taux d'antigène prostatique spécifique (plus il est élevé, plus le cancer risque d'être avancé), on peut évaluer plus sûrement où en est la maladie. Le médecin peut donc déjà avoir une bonne idée de ce qu'on trouvera lors de l'opération et commencer à parler du meilleur traitement possible.

La table de Partin sert aussi à évaluer le risque que les ganglions soient atteints. Cela peut aider à déterminer le protocole de l'opération. Ce qui signifie que le médecin peut décider, avant d'aller plus loin, d'enlever les ganglions et de les faire analyser.

La table de Partin est assez fiable et de nombreux médecins l'utilisent. Bien sûr, le patient apprécie de pouvoir se faire une idée précise de l'état de son cancer dès le diagnostic, mais ce qui lui importe surtout, ce sont ses chances de guérison. Et cela, c'est avec la table de Kattan qu'on peut le calculer. D'ailleurs, les deux tables sont presque toujours associées.

LA TABLE DE KATTAN

En 1999, le Dr Mike Kattan, un statisticien américain spécialisé en médecine, a créé une échelle de calcul qui aide à prévoir le risque de récidive cinq ans après la chirurgie ou la radiothérapie. Pourquoi cinq ans ? Parce que si le cancer n'est pas réapparu après ce laps de temps, le risque qu'il revienne est faible.

La table de Kattan tient compte des mêmes données que la table de Partin : le grade, le stade et le taux d'APS au moment du diagnostic. Le calcul permet de connaître la probabilité que le taux d'APS dépasse 0 ng/mL cinq ans après le traitement (c'est le signe que la maladie est maîtrisée). Plus le risque est élevé, moins bonnes sont les chances de guérison. Le risque de récidive peut aider à évaluer la nécessité de devoir recourir à d'autres traitements supplémentaires.

LES CAS DE JEAN-MICHEL ET DE RÉAL

Jean-Michel est un professeur de mathématiques à la retraite. Il a 67 ans et il est divorcé. Le médecin lui apprend qu'il souffre d'un cancer de score 6 (grades 3 + 3 sur l'échelle de Gleason), de stade T2 et qu'il a un APS de 8 ng/mL. Selon la table de Partin, il y a 44 % de risque que le cancer ait débordé de la prostate, mais seulement 3 % de risque qu'il ait atteint les vésicules séminales et 2 % qu'il affecte les ganglions pelviens. Cependant, comme le risque de débordement de la prostate est plutôt élevé, Jean-Michel apprend que, en plus de la chirurgie, il aura peut-être besoin d'autres traitements. Le médecin lui dit aussi qu'il n'enlèvera pas les ganglions, car le risque qu'ils soient affectés est faible. Enfin, la table de Kattan lui apprend que son risque de récidive est de 15 % après cinq ans. Ce qui signifie que Jean-Michel a 85 % des chances de guérir sans avoir besoin d'autre chose que de la chirurgie.

Réal a 55 ans. Il est marié et il travaille comme électricien pour une grande entreprise. Il est atteint d'un cancer de score 8 (grades 4 + 4 sur l'échelle de Gleason), de stade T3 et son taux d'APS est de 15 ng/mL. La table de Partin indique au médecin qu'il y a seulement 6 % des chances que le cancer soit encore limité à la prostate et qu'il y a 26 % de risque que les ganglions pelviens soient atteints. Réal envisage la radiothérapie. Avant d'aller plus loin, cependant, le médecin décide de procéder à une lymphadénectomie pelvienne afin d'analyser les ganglions, car la probabilité qu'ils soient touchés est assez élevée. Le pathologiste découvre effectivement des métastases. Quant à la table de Kattan, elle indique qu'il y a 85 % de risque que le cancer revienne dans les cinq ans.

Étant donné la présence de métastases dans les ganglions, la radiothérapie n'est plus vraiment utile pour traiter la prostate. On décide d'entreprendre une hormonothérapie pour chercher à maîtriser la maladie dans tout l'organisme. En commençant précocement l'hormonothérapie, avant l'apparition de métastases osseuses, les chances de Réal de survivre à la maladie sont nettement améliorées.

LA TABLE D'ALBERTSON

En 1999, le Dr Peter Albertson, un urologue spécialisé en épidémiologie aux États-Unis, a mis au point une échelle de calcul pour le patient qui ne reçoit aucun traitement. Elle permet d'estimer le risque de décéder du cancer de la prostate dans les 15 années suivantes par rapport au risque de mourir d'autre chose. La table tient compte de l'âge du patient et du grade de sa tumeur. Elle est le fruit d'une vingtaine d'années de suivi de patients qui n'ont pas été traités pour leur cancer de la prostate.

Cette table est utilisée lorsque le médecin hésite quant au type de traitement à envisager – compte tenu de l'âge du patient et de l'agressivité de son cancer de la prostate – ou lorsque le patient se demande ce qui lui arrivera s'il n'entreprend aucun traitement. Une prévision sur 15 ans peut paraître longue, mais il ne faut pas oublier que l'évolution du cancer de la prostate est très souvent plutôt lente. C'est pourquoi l'état de santé général est pris en considération dans le choix du traitement.

LE CAS DE GEORGES

Georges a 67 ans. Policier à la retraite, il savoure la vie et se partage entre le golf, la peinture et la Floride l'hiver. Il apprend qu'il souffre d'un cancer de score 7 (grades 3 + 4 sur l'échelle de Gleason). La table d'Albertson lui indique qu'il a 90 % de risque de décéder dans les 15 ans, 53 % de risque de mourir de son cancer et 37 % de décéder d'une autre cause. Dans 15 ans, Georges aura 82 ans. Son médecin ne lui recommande pas l'attente sous surveillance en raison des risques assez élevés de décès. Il lui recommande la prostatectomie radicale ou la radiothérapie, en ajoutant que l'hormonothérapie pourrait éventuellement être associée au traitement choisi.

LE CAS DE LOUIS

Louis est contremaître dans une usine de pâte à papier. Il a 64 ans et son cancer de la prostate a un score de 6 (grades 3 + 3 sur l'échelle de Gleason); son APS est de 8 ng/mL. Selon la table d'Albertson, il a 68 % de risque de mourir dans les 15 ans, dont une probabilité de 23 % de mourir de son cancer. Ce qui signifie qu'il y a 45 % de chances qu'il décède d'autre chose dans la même période. C'est donc dire que Louis est presque deux fois plus susceptible de mourir d'autre chose que de son cancer au cours des 15 prochaines années.

Le médecin lui propose d'attendre et de surveiller la situation au lieu d'opter tout de suite pour un traitement aux effets secondaires pénibles. Mais cette solution ne convient pas à Louis, qui imagine mal de vivre avec cette épée de Damoclès au-dessus de la tête. Il insiste pour être traité. Son médecin lui propose donc la chirurgie ou la radiothérapie, en lui expliquant leurs avantages et leurs inconvénients respectifs. Il calcule aussi les risques de récidive selon la table de Kattan.

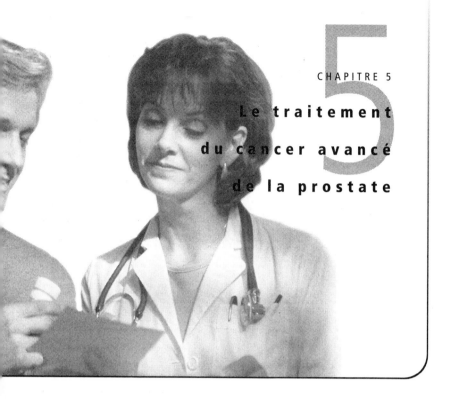

CHAPITRE 5

Le traitement
du cancer avancé
de la prostate

Il existe plusieurs types de cancers avancés de la prostate. Il peut s'agir d'un cancer localisé qui récidive après le traitement de base, d'un cancer avancé sans métastases, d'un cancer qui a fait des métastases ou d'un cancer qui récidive malgré l'hormonothérapie (qu'il y ait des métastases ou non).

Jusqu'à présent, le traitement le plus utile dans la majorité des cas demeure l'hormonothérapie. Cependant, dans le cas du cancer réfractaire aux hormones, des études très récentes ont démontré l'utilité de la chimiothérapie.

▩ L'HORMONOTHÉRAPIE

Il y a plusieurs années, une des plus grandes percées médicales dans le domaine du cancer de la prostate a été la découverte de l'hormono-dépendance de ce cancer : il a en effet besoin d'hormones mâles pour croître. Si on en bloque la production, la maladie régresse. C'est le Dr Charles Brenton Huggins – un médecin né au Canada, mais travail-lant à Chicago – qui a fait, au début des années 1940, cette découverte qui a profondément changé la façon de soigner le cancer de la prostate. Cela a valu à ce chercheur le prix Nobel de médecine en 1966.

Les hormones mâles (ou androgènes) de l'organisme sont composées de 85 % à 95 % de testostérone et cette testostérone provient des testicules. Les glandes surrénales – petites glandes situées juste au-dessus des reins – sécrètent une autre hormone mâle qui ressemble à la testostérone (de 5 % à 15 % du total des androgènes), mais son rôle dans le cancer de la prostate est controversé.

Le mécanisme qui mène à la sécrétion de la testostérone a son origine dans le cerveau : l'hypothalamus produit en effet une hor-mone appelée LH-RH (*luteinizing hormone-releasing hormone* ou, en français, hormone de libération de la gonadotrophine), qui stimule l'hypophyse – une glande endocrine (ce qui signifie que ses sécrétions sont déversées directement dans le sang) – à libérer une autre hormone, la LH (*luteinizing hormone* ou, en français, hormone lutéinisante). La LH descend dans les testicules par la circulation sanguine. Lorsqu'elle arrive à destination, elle stimule à son tour les testicules à produire de la testostérone.

Dans le traitement du cancer avancé de la prostate, l'hormonothé-rapie vise à empêcher les testicules de produire de la testostérone. Il y a deux façons d'y parvenir : par l'ablation des testicules (la cas-tration chirurgicale) ou par la prise de médicaments, des analogues de la LH-RH (la castration médicale). En bloquant la production de testostérone, l'hormonothérapie stoppe la croissance de la maladie et la fait même régresser tout en soulageant les symptômes, notamment la douleur. Elle peut même faire régresser les métastases pendant une période plus ou moins longue, parfois pendant plusieurs années.

LE CIRCUIT HORMONAL

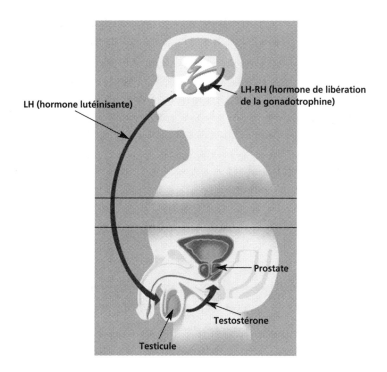

LH (hormone lutéinisante)

LH-RH (hormone de libération de la gonadotrophine)

Prostate

Testostérone

Testicule

Le cancer n'est pas guéri, mais il est maîtrisé. Le patient peut donc vivre plus longtemps et conserver une bonne qualité de vie.

LA CASTRATION CHIRURGICALE (OU ORCHIDECTOMIE)
Pendant plusieurs décennies, la seule solution pour traiter un cancer avancé de la prostate consistait à faire l'ablation chirurgicale des testicules. L'orchidectomie – ou castration chirurgicale – prive immédiatement et définitivement les cellules prostatiques cancéreuses de testostérone.

L'orchidectomie est une opération d'une quinzaine de minutes qui se fait habituellement sous anesthésie générale ou péridurale (une anesthésie de la taille aux pieds). La chirurgie consiste à faire une petite incision dans le scrotum et à enlever les deux testicules qui s'y trouvent. On referme ensuite le scrotum vide et la cicatrice est à peine plus grande que celle d'une vasectomie. Il arrive que l'opéré sente de petites bosses : ce sont les cicatrices qui se trouvent au bout des cordons spermatiques. En général, cette opération ne nécessite pas d'hospitalisation. Elle est bien tolérée et elle occasionne très peu de complications. La plupart des patients peuvent reprendre leurs activités normales au bout de deux ou trois semaines.

Lorsque les médecins ont commencé à pratiquer cette chirurgie, ils ont vu des cas stupéfiants. Des patients hospitalisés et très mal en point qui, 24 heures après l'opération, étaient sur pied et semblaient aller beaucoup mieux. De vrais « miracles » pour les familles ! De nos jours, on ne voit presque plus cela puisque, en général, on détecte le cancer avant qu'il ne commence à provoquer des symptômes.

En outre, l'ablation des testicules n'est plus pratiquée que dans 10 % des cas en Amérique du Nord. On la propose au patient lorsqu'il est clair qu'il aura besoin d'hormonothérapie toute sa vie. Cette opération peut alors constituer pour lui une option intéressante et se substituer à un traitement médical comportant des injections régulières.

À l'heure actuelle, la plupart des hommes qui ont besoin d'une hormonothérapie peuvent se tourner vers des médicaments : les analogues de la LH-RH.

LE TRAITEMENT PAR LES ANALOGUES DE LA LH-RH (OU CASTRATION MÉDICALE)

Ce traitement consiste à administrer des médicaments, c'est-à-dire des analogues de l'hormone de libération de la gonadotrophine (LH-RH). Il s'agit de composés synthétiques qui imitent la LH-RH produite par l'hypothalamus et qui empêchent les testicules de produire de la testostérone. Mais ils le font d'une façon un peu paradoxale.

En effet, le médicament va surstimuler l'hypophyse afin qu'elle sécrète sans arrêt l'hormone lutéinisante (LH). La demande en LH devient tellement grande que l'hypophyse finit par s'épuiser et par carrément cesser d'en produire. Par conséquent, il n'y a plus de LH pour aller stimuler les testicules à fabriquer de la testostérone. Il s'agit d'une castration, mais sans intervention chirurgicale.

Le traitement par les analogues de la LH-RH se fait par des injections régulières qui ont un effet prolongé. Selon les doses, il peut s'écouler entre un et quatre mois entre chaque injection et la durée du traitement dépend du stade de la maladie. On peut y avoir recours pendant quelques mois pour le traitement d'un cancer

LES ANALOGUES DE LA LH-RH : DE FAÇON CONTINUE OU PAR INTERMITTENCE ?

En présence d'un cancer de la prostate avancé – quelle que soit sa forme –, le traitement par les analogues de la LH-RH sera en général entrepris de façon continue et pour toute la vie. Il s'agit du traitement médical standard.

Cependant, depuis quelques années, il existe un traitement dit «par intermittence». C'est-à-dire qu'on cesse de donner des analogues de la LH-RH au bout de six à huit mois, lorsque le taux de l'antigène prostatique spécifique (APS) a diminué, qu'il s'est stabilisé et que les symptômes ont disparu. On reprend le traitement lorsque ce taux recommence à monter, ce qui peut prendre plusieurs mois et parfois même des années. Lorsqu'on opte pour cette forme d'hormonothérapie, il est recommandé de faire prendre des antiandrogènes à chaque nouveau cycle de traitement.

Le traitement par intermittence a théoriquement l'avantage de permettre au patient de retrouver une activité sexuelle «normale» et de faire disparaître les effets secondaires pendant les périodes sans médicament.

Cela dit, il s'agit d'un traitement expérimental dont l'efficacité et les bienfaits sur la qualité de vie n'ont pas encore été prouvés. On ne sait pas s'il est aussi efficace que l'hormonothérapie continue. Les patients doivent être conscients de ce risque lorsqu'ils envisagent cette option. Le mieux est d'en parler avec leur médecin.

localisé (*voir chapitre 4*) et pendant beaucoup plus longtemps lorsqu'il s'agit d'un cancer avancé de la prostate. Il est possible que le patient en ait besoin toute sa vie, de façon continue ou par intermittence (*voir l'encadré « Les analogues de la LH-RH : de façon continue ou intermittente ? »*). En présence de métastases osseuses, à un stade très avancé du cancer, l'hormonothérapie soulage assez vite les douleurs.

Les premiers jours du traitement par les analogues de la LH-RH, le taux de testostérone augmente à cause de la surstimulation de l'hypophyse. Chez un faible pourcentage de patients, cette hausse momentanée peut causer une aggravation des symptômes du cancer. Ainsi, les patients qui ont beaucoup de métastases osseuses risquent subitement de beaucoup souffrir ou de se fracturer des os.

Pour éviter cela, les médecins ajoutent un autre traitement, les antiandrogènes non stéroïdiens. Ces médicaments oraux ont pour fonction d'empêcher la stimulation des cellules cancéreuses par la testostérone. Donc, même si, dans les premiers jours, l'hypophyse sécrète beaucoup de LH et que celle-ci provoque un afflux de testostérone, les cellules sont incapables d'absorber toute cette testostérone. Par conséquent, le patient ne subit pas les conséquences de la hausse temporaire du taux de testostérone.

On donne des antiandrogènes durant un mois ou deux lorsqu'on commence le traitement par les analogues de la LH-RH. Comme ils sont prescrits à faible dose, ils entraînent peu d'effets secondaires. Certains médecins croient qu'il faut les faire prendre continuellement avec la LH-RH afin de contrer l'effet des autres hormones mâles qui sont produites par les glandes surrénales et qui peuvent demeurer dans la circulation sanguine (ce qu'on appelle le blocage androgénique total ou maximal). Cela aurait pour effet de mieux maîtriser le cancer et peut-être aussi d'améliorer légèrement la survie, mais ce n'est pas encore prouvé. C'est un sujet qui demeure controversé. Actuellement, le médecin peut donc décider de prescrire les antiandrogènes pendant une période de durée variable.

Dans certains cas, le médecin peut envisager de prescrire des antiandrogènes comme seul traitement d'un cancer avancé de la prostate. Il peut le faire, par exemple, lorsque le patient tient absolument à préserver sa vie sexuelle. En fait, ce médicament n'affecte pas la production de testostérone (donc la libido). Cela dit, il entraînera d'autres effets secondaires non négligeables puisqu'on le prescrit à des doses plus élevées que lorsqu'on l'associe aux analogues de la LH-RH. Il est très important de savoir qu'on utilise rarement les antiandrogènes seuls parce qu'ils ne sont pas aussi efficaces que les analogues de la LH-RH pour lutter contre le cancer en présence de métastases osseuses. Le patient doit être conscient de cela.

Bien sûr, les hommes qui ont subi une castration chirurgicale ne peuvent avoir d'afflux de testostérone puisqu'ils n'ont plus de testicules pour en fabriquer. Ils n'ont donc pas besoin d'antiandrogènes, sauf si le médecin souhaite un blocage androgénique total (ou maximal).

LES EFFETS SECONDAIRES DE L'HORMONOTHÉRAPIE

La castration chirurgicale occasionne très peu de complications. D'ordinaire, la douleur postopératoire, le gonflement du scrotum et le saignement de la plaie sont minimes. Comme c'est le cas avec toute opération chirurgicale, il peut se produire une infection au niveau de la cicatrice. Cette infection sera alors traitée par des antibiotiques.

Dans tous les cas, la baisse de la production d'hormones entraînera la perte du désir sexuel (libido), et ce, que les patients aient subi une castration chirurgicale ou qu'ils prennent des analogues de la LH-RH. D'autres effets secondaires peuvent survenir avec les deux types d'hormonothérapie : bouffées de chaleur, fatigue, anémie, change-ments d'humeur, légère augmentation mammaire et perte de masse musculaire et osseuse.

La façon dont l'organisme réagit au changement hormonal varie d'une personne à l'autre. Cependant, la plupart des hommes soumis à ce traitement trouvent les effets secondaires très supportables. Au besoin, le médecin prescrira des médicaments pour réduire la perte de masse osseuse et l'intensité des bouffées de chaleur. Il n'existe pas vraiment de façon de maîtriser les autres effets secondaires.

Les hommes qui sont traités par les antiandrogènes seuls doivent s'attendre à une augmentation mammaire beaucoup plus importante que ceux qui sont soumis à des analogues de la LH-RH ou à la castration chirurgicale. C'est en effet le principal effet secondaire de cette forme de traitement.

LES COMPLICATIONS À LONG TERME DE L'HORMONOTHÉRAPIE
Comme l'ablation chirurgicale des testicules est irréversible, ses effets secondaires sont permanents. On a toutefois remarqué que les bouffées de chaleur et la fatigue ont tendance à s'estomper avec le temps. Par ailleurs, la perte osseuse risque de mener à l'ostéoporose. Le médecin peut prescrire des produits ou des médicaments pour prévenir ou traiter cette complication : calcium, vitamine D et bisphosphonates (*voir l'encadré « Les bisphosphonates, de précieux alliés »*).

Quant aux effets du traitement par les analogues de la LH-RH, ils peuvent disparaître si on cesse le traitement. Mais plus le traitement aura duré longtemps, plus il est possible que les effets secondaires deviennent permanents. Le développement de seins cessera après quelque temps, mais ceux-ci ne se résorberont pas. Après plus de deux ans d'une médication continue, le taux de testostérone pourrait ne jamais revenir à la normale. Les effets secondaires peuvent donc perdurer, comme avec la castration chirurgicale. Il est à noter que le retour de la testostérone après un court traitement ne se traduit pas forcément par le retour de la maladie.

Qui plus est, les hommes qui prennent des analogues de la LH-RH remarquent que leur scrotum perd du volume avec le temps. En fait, les testicules finissent par s'atrophier lorsqu'ils arrêtent de fonctionner.

La perte de la libido produira inévitablement des changements dans la vie amoureuse du patient puisqu'il n'aura plus d'érections naturelles. Et s'il a subi en plus une prostatectomie radicale ou suivi une radiothérapie, le dysfonctionnement érectile sera encore plus important. Néanmoins, bien qu'il n'y ait plus de désir sexuel, il arrive que des patients recourent tout de même aux moyens médicaux qui permettent une érection (*voir chapitre 6*). Cependant, comme l'hormonothérapie ralentit la progression de la maladie et prolonge leur vie, la plupart des hommes finissent par accepter de ne plus pouvoir avoir de relations sexuelles complètes.

LE SUIVI MÉDICAL

Le patient est suivi tous les trois ou les six mois par son médecin, qui fera, à l'occasion, un toucher rectal et qui demandera systématiquement une analyse du taux d'APS. Ce taux permet au médecin de déceler toute hausse de l'APS, laquelle indiquerait la présence d'une récidive.

▓ LES RÉCIDIVES APRÈS LE TRAITEMENT D'UN CANCER LOCALISÉ

Un cancer qui revient après une prostatectomie radicale ou une radiothérapie externe ou brachythérapie – que ces traitements aient été ou non associés à une hormonothérapie – est considéré comme un cancer avancé, et ce, que la récidive soit locale ou métastatique.

Par récidive locale, on entend que des cellules cancéreuses sont restées sur l'emplacement anatomique où se trouvait la prostate (elles ont échappé au traitement). Lorsqu'on parle de métastase, on fait référence à une tumeur qui se trouve ailleurs dans l'organisme, à distance de la tumeur d'origine. Les récidives peuvent survenir n'importe quand. Néanmoins, après le traitement, le risque de récidive diminue avec les années (bien qu'on entende souvent parler du «chiffre magique» de cinq ans, cela n'est pas garanti. On fait donc un suivi à long terme.)

En général, le médecin décèle une récidive lorsque le taux d'antigène prostatique spécifique (APS) recommence à grimper. La vitesse à laquelle il monte, le grade et le stade de la tumeur qu'on a enlevée (ou que l'on a présumés si on a fait de la radiothérapie) aident le médecin à déterminer s'il s'agit d'une récidive locale ou métastatique. Plus ces paramètres sont élevés, plus il pourrait s'agir d'une récidive métastatique.

RÉCIDIVE APRÈS LA PROSTATECTOMIE RADICALE

Habituellement, le taux d'APS avertit très tôt le médecin de ce qui se passe, et ce, plusieurs mois ou années avant qu'il y ait suffisamment de métastases pour qu'elles soient décelées par des examens diagnostiques et pour que cela cause des problèmes. Prescrite très rapidement, l'hormonothérapie ralentira beaucoup la progression du cancer.

Dans certains cas où l'on soupçonne une récidive localisée, on peut même espérer une guérison complète (il n'est pas encore trop tard pour prescrire une radiothérapie, avec ou sans hormonothérapie, et pour arriver à guérir la maladie).

Les patients qui présentent une récidive plutôt lente, qu'elle soit localisée ou métastatique, pourraient être de bons candidats à l'hormonothérapie par intermittence.

Si la récidive semble localisée et lente, et que son comportement n'inquiète pas le médecin, ce dernier pourrait choisir de ne pas intervenir. Cela serait le cas si, par exemple, le taux d'APS recommence à monter cinq ans après l'opération. À ce rythme, il est probable que les métastases n'apparaîtront pas avant 10 ou 15 ans. Si le patient est âgé, il vaut peut-être mieux ne pas intervenir plutôt que de lui prescrire une hormonothérapie qui affectera sa qualité de vie. S'il est plus jeune et donc si son espérance de vie est longue, l'approche du médecin sera souvent plus agressive. On aura alors recours à la radiothérapie associée ou non à l'hormonothérapie.

Lorsqu'on décide de ne pas entreprendre de radiothérapie, on peut choisir d'attendre une augmentation significative du taux d'APS pour commencer une hormonothérapie, avec les effets secondaires mentionnés plus haut. Il sera toujours temps d'intervenir si la progression devient inquiétante. Chaque cas étant unique, il est important que le patient prenne sa décision de concert avec son médecin, en pesant le pour et le contre de chacune des options.

RÉCIDIVE APRÈS LA RADIOTHÉRAPIE EXTERNE OU LA BRACHYTHÉRAPIE

L'hormonothérapie est le traitement standard en présence d'une récidive à la suite d'une radiothérapie. Elle est en général prescrite à vie et de façon continue. Dans ce cas aussi, il arrive que l'on s'abstienne de tout traitement pendant un certain temps lorsque la récidive est lente.

Il arrive parfois que le médecin se tourne vers la prostatectomie radicale pour enlever la prostate. Mais il faut cependant qu'il soit convaincu que la récidive est limitée à la prostate. Les rares candidats à cette intervention doivent s'attendre à des effets secondaires plus importants qu'avec une prostatectomie radicale comme premier traitement (*voir chapitre 4*). En fait, comme la radiothérapie a endommagé les tissus, l'opération sera plus difficile et elle pourrait causer plus de dommages à la vessie, à l'urètre, au rectum et aux nerfs érectiles. Il arrive même que, au moment de commencer l'opération, on doive y renoncer en constatant l'état des tissus. Le chirurgien referme alors l'abdomen sans toucher à la prostate et prescrit une hormonothérapie.

Une autre option est actuellement à l'étude : la cryothérapie. Sous anesthésie générale ou péridurale, on implante dans la prostate, à travers le périnée (l'espace entre les testicules et le rectum), des tiges d'azote liquide qui gèlent la prostate et qui détruisent les cellules cancéreuses par un phénomène de congé-lation instantanée. Ce traitement peut entraîner des effets secondaires : incontinence urinaire, lésion du rectum et dysfonctionnement érectile. On ne connaît cependant pas encore ses conséquences à long terme. On y a recours lorsqu'on pense que la récidive est encore limitée à la prostate. Comme cette technique n'a pas encore fait ses preuves, seuls quelques rares centres la proposent au Canada.

▩ LE CANCER AVANCÉ SANS MÉTASTASES

Nous avons parlé au chapitre 4 du traitement des cancers localisés de la prostate (c'est-à-dire des cancers qui n'ont pas fait de métastases). Il y a parmi eux les cancers avancés pour lesquels la prostatectomie radicale ou la radiothérapie seules ne suffisent pas, car le médecin est certain que le cancer a débordé de la prostate.

Il y a aussi des cancers encore plus avancés, c'est-à-dire de stade T3+ et T4 (ce dernier stade indique que la tumeur a atteint des tissus voisins, comme le col de la vessie, le sphincter externe et le rectum). Ce ne sont plus des cancers localisés, mais ils n'ont pas fait de métastases décelables, comme le confirment la scintigraphie osseuse et les autres examens diagnostiques.

Dans de tels cas, l'hormonothérapie est souvent indiquée comme complément à la prostatectomie radicale ou à la radiothérapie (il est à noter que, d'habitude, la radiothérapie est pratiquée pour les stades T3+ et T4, car ces stades sont trop avancés pour qu'on utilise la chirurgie).

L'hormonothérapie sera prescrite en association avec la radiothérapie pendant deux ou trois ans. En effet, une étude parue à la fin des années 1990 dans le prestigieux *New England Journal of Medicine* a montré que ce traitement diminue le risque de voir la maladie se propager et qu'il prolonge la survie. Toutefois, si le médecin estime que la nature inquiétante de la tumeur le justifie, il peut dès le départ la prescrire à vie.

Le suivi médical et le dosage régulier de l'APS permettent de juger de la stabilisation du cancer. Si l'APS recommence à monter à un certain moment, l'hormonothérapie sera reprise et généralement prescrite à vie. Il est toutefois possible que le taux d'APS ne bouge plus jamais. Après cinq ans sans signe de récidive, on peut considérer que le cancer est probablement guéri.

Il existe aussi un nouveau traitement expérimental (à l'étude pour l'instant) pour les cancers avancés sans métastases : l'association de l'hormonothérapie et de la chimiothérapie – avec un médicament appelé docetaxel (Taxotere) – avant ou après la radiothérapie. On espère que cette approche pourrait arriver à guérir encore plus de patients à risque élevé de récidive.

■ LE CANCER AVANCÉ AVEC MÉTASTASES

LES MÉTASTASES GANGLIONNAIRES

Lorsque le cancer de la prostate a atteint les ganglions – on l'a constaté à la suite d'une lymphadénectomie ou on le présume fortement à partir des paramètres habituels et de la table de Partin (*voir chapitre 4*) –, le traitement standard est l'hormonothérapie à vie. C'est dans de tels cas que l'on peut suggérer l'ablation des testicules. Si le patient préfère un traitement par les analogues de la LH-RH (c'est le choix le plus fréquent), le médecin peut aussi prescrire des antiandrogènes.

D'importantes études publiées à la fin des années 1990 ont prouvé que si l'on commence l'hormonothérapie dès qu'il y a des métastases ganglionnaires, avant l'apparition de métastases osseuses (le cancer de la prostate se propage rarement ailleurs), on prolonge la survie de façon significative.

Néanmoins, il arrive que le praticien préfère attendre et voir comment va se comporter le taux d'APS. En effet, dans environ 10 % à 15 % des cas de métastases ganglionnaires, le taux d'APS reste stable pendant plusieurs années. Avec un suivi médical tous les trois ou six mois, le médecin suit la situation et intervient dès qu'il constate que ce taux monte. Il a alors le temps de réagir puisqu'il faudra encore plusieurs mois et même des années avant que le cancer ne fasse des métastases ailleurs.

On prendra notamment cette décision quand le patient tient à conserver ses capacités sexuelles le plus longtemps possible.

LES MÉTASTASES OSSEUSES

Le cancer qui s'est propagé aux ganglions s'attaquera éventuellement aux os, en particulier ceux du bassin et de la colonne vertébrale. Si les métastases sont assez grosses, les symptômes suivants peuvent alors survenir : douleur au bas du dos ou aux hanches, engourdissement ou paralysie des membres inférieurs (les métastases à la colonne vertébrale peuvent comprimer la moelle épinière), fatigue constante et pâleur (les métastases osseuses peuvent causer une anémie). À ce stade, les os sont devenus très fragiles et susceptibles de se fracturer.

L'hormonothérapie est prescrite dès que le médecin constate la présence de métastases osseuses, que cela soit accompagné ou non de douleurs. Le traitement devra être appliqué de façon continue et à vie.

L'hormonothérapie soulage les douleurs et prolonge la survie du patient de façon appréciable.

L'utilisation de l'hormonothérapie par intermittence est à l'étude. Pour l'instant, cependant, elle n'est en général pas recommandée.

▨ QUAND L'HORMONOTHÉRAPIE NE SUFFIT PLUS

Une fois l'hormonothérapie – par la castration chirurgicale ou par la castration médicale – commencée, le taux d'APS devrait rester stable ou baisser. S'il continue ou recommence à monter, c'est le signe que la maladie progresse malgré tout. Ce cancer est alors devenu hormonoréfractaire. On connaît deux catégories de cancers hormonoréfractaires : les cancers sans métastases décelables et les cancers avec métastases décelables.

En premier lieu, le médecin cessera de donner des antiandrogènes ou les remplacera si le patient en prend encore. En effet, il peut arriver que la cellule cancéreuse mute et que, paradoxalement, l'antiandrogène prescrit devienne un stimulant pour elle, au même titre que la testostérone. Entre 15 % et 30 % des hommes verront leur taux d'APS descendre temporairement avec l'arrêt des antiandrogènes. Il n'y aura donc pas lieu, à ce stade, de passer à un autre traitement.

En outre, quand cela est possible, le médecin devrait inviter son patient à participer à des études cliniques afin d'aider à trouver de meilleures façons de traiter ce stade de la maladie.

LE CANCER HORMONORÉFRACTAIRE SANS MÉTASTASES DÉCELABLES

Il s'agit d'un cancer qui n'a pas de métastases encore visibles (les examens diagnostiques ne permettent pas de les voir), mais qui a certainement dans l'organisme des métastases microscopiques qui produiront des douleurs un jour ou l'autre. Seule l'augmentation du taux d'APS prouve qu'il y a récidive.

Actuellement, il n'existe pas de traitement standard pour ce genre de cancer. Le médecin fait un suivi régulier tous les deux ou trois mois. Les examens diagnostiques et le dosage de l'APS l'aideront à détecter les métastases lorsqu'elles seront décelables.

Le cancer hormonoréfractaire sans métastases décelables est actuellement le plus grand champ de recherche dans le domaine du cancer de la prostate. Les scientifiques essaient de trouver des médicaments qui soient capables de prévenir ou de retarder l'apparition des métastases. On parle notamment de médicaments tels que les inhibiteurs de l'angiogenèse, qui empêchent les cellules cancéreuses

LES BISPHOSPHONATES, DE PRÉCIEUX ALLIÉS

Depuis 2002, le médecin peut prescrire des bisphosphonates, qui ont la propriété de soulager les douleurs osseuses et de stabiliser les os affaiblis à la fois par le cancer et par une hormonothérapie qui a duré plus d'un an (jusqu'à présent, le seul à avoir une efficacité prouvée est l'acide zolédronique [Zometa]). Les bisphosphonates peuvent réduire la progression de la destruction osseuse, donc diminuer le risque de fracture. Il arrive même qu'on assiste à une régénération des os et que les patients retrouvent une meilleure fonctionnalité. Les bisphosphonates oraux sont utilisés depuis plusieurs années en prévention et pour le traitement de l'ostéoporose chez les femmes, mais à des doses plus faibles. Les hommes qui sont atteints du cancer de la prostate métastatique reçoivent ce médicament par injections intraveineuses une fois par mois.

La découverte des bisphosphonates a conduit à un nouveau traitement efficace pour réduire les complications osseuses du cancer de la prostate. On étudie en ce moment la possibilité de les utiliser à des stades plus précoces, pour voir s'ils pourraient empêcher l'apparition de métastases osseuses chez les patients à risque (on pense en effet qu'ils pourraient rendre les os tellement solides que les cellules cancéreuses ne pourraient pas s'y implanter). En outre, utilisés comme médicament de premier choix au dernier stade de la maladie, ils peuvent diminuer le besoin d'analgésiques et de radiothérapie palliative.

de former de nouveaux vaisseaux sanguins nécessaires à la propagation du cancer, et les bisphosphonates, qui évitent que les cellules cancéreuses ne s'implantent dans les os (*voir l'encadré « les bisphosphonates, de précieux alliés »*). Il y a aussi plusieurs autres agents fort intéressants qui donnent des résultats encourageants en laboratoire et qui doivent être expérimentés sur l'humain. La place de la chimiothérapie à ce stade est encore à l'étude. Cela pourrait devenir une option intéressante, car on a obtenu des résultats positifs avec des patients souffrant d'un cancer hormonoréfractaire avec métastases osseuses.

LE CANCER HORMONORÉFRACTAIRE AVEC MÉTASTASES DÉCELABLES

Il s'agit du cancer pour lequel des examens diagnostiques comme la scintigraphie osseuse ou la tomodensitométrie ont permis de déceler des métastases. À ce stade du cancer, on ne peut malheureusement plus parler de guérison et la qualité de vie du patient devient la priorité. Le médecin tente de retarder le plus possible les complications – atteinte générale, perte de poids, douleurs et fractures – dues à la progression des métastases. En effet, à partir du moment où le cancer est hormonoréfractaire et qu'il comporte des métastases décelables, le soulagement des symptômes par l'hormonothérapie est encore nécessaire, mais il ne suffit plus.

On prescrit des analgésiques pour soulager les douleurs, osseuses et autres, des bisphosphonates (*voir l'encadré « Les bisphosphonates, de précieux alliés »*) et même de la radiothérapie palliative. En outre, la chimiothérapie améliore l'état général du patient, qui commence à être très affecté par la maladie. Des suppléments diététiques (de type Ensure) et des transfusions sanguines en cas d'anémie sont aussi utiles.

Les rayons radioactifs de la radiothérapie détruisent les cellules des métastases à l'endroit douloureux (dans la colonne vertébrale, les hanches, le dos, etc.). Cela ne change en rien le cours de la maladie, mais soulage rapidement le patient, renforce l'os et, par conséquent, aide à réduire les risques de fracture à l'endroit ionisé.

Habituellement, la radiothérapie palliative est utilisée lorsque les médicaments antidouleur ne soulagent pas suffisamment ou quand l'os risque de se fracturer. Cependant, on ne peut pas irradier deux fois le même endroit. C'est pourquoi, bien souvent, les médecins utilisent la radiothérapie en dernier recours. Si les douleurs reviennent dans la zone irradiée, seuls les analgésiques et les bisphosphonates pourraient procurer un certain soulagement. Il est à noter qu'on peut employer ces médicaments en même temps que la radiothérapie.

Au début des années 1990, on a découvert que la chimiothérapie pouvait aider à diminuer les douleurs des patients souffrant d'un cancer de la prostate hormonoréfractaire avec métastases décelables. La chimiothérapie est un traitement par injections intraveineuses qui vise à tuer les cellules cancéreuses. On utilisait une association de mitoxantrone et de prednisone, administrée par injection intraveineuse toutes les trois semaines. Comme cette chimiothérapie palliative produisait un affaiblissement du muscle cardiaque, on ne pouvait pas faire plus de 10 ou 12 injections. Utilisée seule ou en association avec les analgésiques et/ou la radiothérapie palliative, la chimiothérapie améliorait la qualité de vie, mais ne prolongeait pas la vie.

En juin 2004 s'est produit un virage extraordinaire. Deux études internationales portant sur plus de 1500 patients ont confirmé que la chimiothérapie utilisant un médicament appelé docetaxel (Taxotere) soulage encore plus les symptômes que l'association mitoxantrone-prednisone, améliore davantage la qualité de vie et prolonge la survie du patient d'environ 25 %. Pour la première fois, on a montré qu'un patient atteint d'un cancer de la prostate hormonoréfractaire avec métastases décelables pouvait vivre plus longtemps grâce à un traitement médical.

Le traitement consiste à faire des injections de docetaxel toutes les trois semaines. Dans certains cas, on peut réduire la dose pour atténuer les effets secondaires et donner le docetaxel une fois par semaine – un traitement d'à peine une demi-heure en ambulatoire. Le nombre de cycles (injections) de chimiothérapie varie selon la tolérance du patient et la façon dont il répond aux traitements. D'ordinaire, on prescrit une dizaine de cycles.

La chimiothérapie par le docetaxel comporte certains effets secondaires, les plus courants étant la perte de cheveux, les nausées, la fatigue et une baisse des globules blancs (donc, un risque accru d'infection). La plupart du temps, ces effets s'estompent et disparaissent à la fin du traitement complet. Cela dit, ce type de chimiothérapie est en général bien toléré par les patients, même les plus âgés, qui constatent une amélioration de leur qualité de vie malgré les effets secondaires du traitement. Il est à noter que le docetaxel est déjà utilisé pour traiter d'autres types de cancers, notamment le cancer du sein.

Le fait de savoir qu'un patient atteint d'un cancer de la prostate hormonoréfractaire avec métastases décelables peut maintenant vivre plus longtemps a changé à jamais la façon de soigner ce stade du cancer et ouvre la porte à tout un champ de recherche.

Ainsi, des scientifiques se penchent sur la possibilité de prescrire le docetaxel plus tôt, lorsque le cancer hormonoréfractaire n'a pas encore fait de métastases décelables ou peut-être même avant, en présence d'un cancer agressif ou trop avancé localement pour être guéri par la prostatectomie radicale ou par la radiothérapie seule. En fait, des protocoles de recherche sont en cours pour vérifier son potentiel en association avec d'autres traitements, comme la prostatectomie radicale ou la radiothérapie, chez des patients porteurs de cancers plus agressifs. On espère trouver ainsi une façon d'augmenter le taux de guérison. En outre, pour améliorer encore plus les résultats obtenus avec le docetaxel, les chercheurs étudient des associations de docétaxel avec d'autres médicaments. Jusqu'à présent, de grands progrès ont été faits dans ce domaine d'investigation.

CHAPITRE 6

La vie avec le cancer
de la prostate

Il est très dur d'apprendre que l'on a un cancer. À cause de l'ombre que fait planer le mot « cancer », bien sûr, mais aussi à cause des effets secondaires et des complications des traitements. On sait aussi que la vie ne sera plus comme avant. Les sentiments peuvent passer du déni à la colère, du désespoir à l'espoir et du courage à la peur. Les proches passent souvent par la même gamme d'émotions. C'est tout à fait normal.

Comme pour le cancer du sein chez la femme, le cancer de la prostate risque d'avoir un impact psychologique particulier chez l'homme qui en est atteint. Non seulement parce qu'il touche l'intégrité physique à cause du dysfonctionnement érectile et de l'incontinence urinaire qui sont parfois associés aux traitements, mais également parce qu'il affecte l'image que l'homme peut avoir de lui-même ainsi que la perception de son corps, de sa sexualité et de sa vie de couple.

Cela dit, ce n'est pas la même chose de souffrir d'un cancer de la prostate à 49 ans qu'à 82 ans. Un homme de 49 ans est toujours en pleine phase d'activité sexuelle et il lui est encore possible de se reproduire. Outre la peur de mourir jeune, il craindra de perdre ses capacités sexuelles, il risquera de se sentir «fini», «de ne plus être un homme» et il pourra même redouter d'être abandonné par la personne qui partage sa vie. Dans la majorité des cas, il sera prêt à tout faire pour guérir de sa maladie et il voudra se tourner vers les traitements les plus énergiques.

La réaction n'est pas la même pour un homme plus âgé, qui a une vie sexuelle moins active. Ce dernier acceptera généralement plus facilement de ne plus avoir de prostate ou de ne plus pouvoir avoir d'érections. En revanche, il pourra avoir du mal à supporter les effets secondaires de son traitement, l'incontinence urinaire, par exemple, et le fait de devoir passer beaucoup de temps dans les hôpitaux. Il choisira donc peut-être un traitement aux effets secondaires plus «doux».

▓ LE SOUTIEN DU MÉDECIN

Le patient cancéreux aura besoin de soutien tout au long de sa maladie. La première personne qui peut lui apporter cette aide psychologique, c'est l'urologue qui va le suivre pendant plusieurs années (il sera secondé par un radio-oncologue si le patient a besoin de radiothérapie et par un hémato-oncologue si une chimiothérapie devient nécessaire). L'attitude de l'urologue influera en bonne partie sur l'attitude du patient durant le traitement.

Il faut d'abord savoir que l'éthique professionnelle interdit de cacher le diagnostic au patient, tout comme elle interdit de révéler ce diagnostic à ses proches à son insu. Le patient a le droit de connaître son état de santé afin de pouvoir faire des choix éclairés. Les rares cas où il faut taire le diagnostic, et ce, de façon tout à fait temporaire, c'est quand le patient souffre d'une dépression majeure, est en psychose, a des antécédents de gestes suicidaires ou est inapte à comprendre les explications du médecin.

Dès que le médecin annonce le diagnostic à son patient, il se crée un terrain favorable à une relation de partenariat franche et sincère. Le médecin répond d'abord aux peurs de son patient – la peur d'être opéré et irradié, de perdre ses capacités sexuelles et de mourir – en dédramatisant la situation lorsque cela est fondé et possible.

Il est très rare qu'un patient veuille tout savoir d'un seul coup, dès la première rencontre. Une fois le mot « cancer » prononcé, il se crée un blocage émotif dans l'esprit du patient, de sorte que, sur le moment, il risque fort de ne pas assimiler ce qui suivra. Il lui faut un peu de temps. Le médecin sait faire preuve d'empathie, il sait doser les éléments à aborder et il va au-devant des questions importantes qui peuvent lui être posées.

Il conclura chaque consultation en demandant au patient ce qu'il a retenu de la rencontre. Cela lui permet de revoir les informations mal comprises ou incomplètes. Le patient ne devrait jamais quitter le cabinet du médecin sans avoir obtenu de réponses ou sans avoir bien compris tout ce dont il a été question au cours de la rencontre. C'est aussi à lui de demander des éclaircissements. Emmener un proche avec soi à la consultation peut être une source de réconfort et permettre de préciser un point si on croit avoir mal compris quelque chose.

Le patient doit pouvoir prendre une part active au choix de son traitement et c'est pourquoi le médecin doit lui expliquer en détail toutes les options thérapeutiques, leurs effets bénéfiques, leurs effets secondaires et leurs conséquences à long terme. C'est ainsi que le patient peut prendre une décision éclairée, en pesant le pour et le contre de chaque possibilité. Si le soutien du conjoint ou d'un proche est souhaitable dans ce processus, le patient ne doit pas se laisser influencer par leurs opinions. C'est lui et lui seul qui doit décider du traitement vers lequel il veut se tourner, car c'est lui et lui seul qui va vivre avec cette décision et avec les conséquences de son choix.

Si le patient ne s'entend pas bien avec son médecin, il peut en choisir un autre. C'est un droit légitime. Cela n'est pas catastrophique et ne nuira en rien à la suite du traitement.

▓ LE SUIVI MÉDICAL

Qu'il soit atteint d'un cancer localisé ou avancé de la prostate, le patient est suivi pendant au moins cinq ans. Le toucher rectal et le dosage de l'antigène prostatique spécifique (APS), effectués régulièrement, permettent de surveiller l'évolution de la maladie. Le taux d'APS devrait diminuer et rester stable après le traitement. Une hausse indique une récidive probable.

Les hôpitaux qui soignent le cancer – quel qu'il soit – ont de plus en plus une approche multidisciplinaire élargie de la maladie. C'est-à-dire qu'en plus de procurer tous les soins médicaux requis ils préconisent une vision globale de la personne (aspects psychologique, social, spirituel et religieux). Ce qui signifie qu'ils offrent également les services d'information et de soutien de spécialistes. Cela permet au patient de bénéficier d'un suivi adapté à tous ses besoins, ce qui l'aide à passer au travers de sa maladie.

▓ LA VIE SEXUELLE

Le dysfonctionnement érectile permanent affecte environ 50 % des hommes qui ont subi une prostatectomie radicale (ablation de la prostate) avec préservation des nerfs érectiles et pratiquement 100 % des hommes chez qui le chirurgien n'a pas pu préserver ces nerfs. Les troubles de l'érection permanents affectent 40 % à 60 % des hommes qui ont subi une radiothérapie externe et 20 % à 50 % des hommes qui ont subi une brachythérapie (*voir chapitre 4*). L'hormonothérapie, elle, cause un dysfonctionnement érectile indirect puisqu'elle fait disparaître la libido. Pour bien des hommes, on sait que les répercussions du traitement sur la vie sexuelle constituent le facteur le plus difficile à assumer, car cela touche inévitablement la vie affective.

De plus, les hommes qui ont subi une prostatectomie radicale sont définitivement incapables d'éjaculer puisque le chirurgien a enlevé la prostate et les vésicules séminales, et sectionné les canaux déférents. Après une radiothérapie (externe ou brachythérapie), il faut s'attendre à une diminution importante du volume de l'éjaculat et il sera pratiquement impossible pour l'homme de procréer.

Toutefois, la libido et l'orgasme sont préservés et, dès qu'ils ont récupéré leur capacité érectile, de façon naturelle ou non, la plupart des hommes retrouvent une capacité d'érection qui permet une activité sexuelle satisfaisante.

Le cas est différent chez les hommes qui ont suivi une hormonothérapie. L'hormonothérapie – qui bloque la production de testostérone – fait disparaître la libido. Les patients n'ont donc aucun intérêt pour la sexualité. Si le traitement dure moins d'un an, il est très probable que la libido revienne après la fin de l'hormonothérapie. Mais plus ce traitement se prolonge, plus la libido risque d'être perdue de façon définitive.

VIAGRA, CIALIS ET LEVITRA

Le Viagra (sildénafil), le Cialis (tadalafil) et le Levitra (chlorhydrate de vardénafil) sont les traitements de choix contre le dysfonctionnement érectile. Ces médicaments ont les mêmes mécanismes d'action et

FONDER UNE FAMILLE, C'EST ENCORE POSSIBLE

Certains hommes encore jeunes s'inquiètent de ne plus pouvoir avoir d'enfants après le traitement du cancer de la prostate. C'est un fait, l'éjaculation est impossible après une prostatectomie radicale et peu probable après une radiothérapie. Quant à l'hormonothérapie, elle rend les relations sexuelles incertaines puisque le patient n'a plus de libido.

Néanmoins, celui qui envisage encore de fonder une famille a la possibilité de faire congeler son sperme avant le début de son traitement. Ainsi, au moment voulu, les médecins pourront procéder à une insémination artificielle de la conjointe. C'est une technique qui fonctionne bien dans la majorité des cas.

sensiblement les mêmes effets secondaires (les plus courants sont des maux de tête, des rougeurs subites au visage et des troubles digestifs). Bref, ces médicaments se ressemblent beaucoup. Choisir entre les trois est une affaire personnelle, car certains hommes tolèrent mieux un produit que l'autre ou obtiennent de meilleurs résultats avec un produit qu'avec un autre. Le médecin aidera son patient à trouver le produit qui lui convient le mieux.

Le médecin pourra prescrire un de ces médicaments si son patient ne présente aucune contre-indication : il ne doit pas prendre de médicaments pour traiter l'angine de poitrine, souffrir d'hypotension artérielle grave, avoir des douleurs à la poitrine durant les rapports sexuels et avoir récemment été victime d'un accident vasculaire cérébral (AVC) ou d'une crise cardiaque (infarctus).

Ces médicaments contre le dysfonctionnement érectile n'agissent pas sur le cerveau et ne provoquent pas une érection automatique. À la suite d'une stimulation sexuelle, les nerfs érectiles libèrent des substances chimiques (des neurotransmetteurs) qui provoquent une dilatation des vaisseaux sanguins péniens, ce qui se traduit par l'engorgement des tissus du pénis et par une érection. Après un traitement contre le cancer de la prostate, les nerfs érectiles qui ont pu être préservés risquent d'avoir du mal à faire leur travail. Ce que font le Viagra, le Cialis et le Levitra, c'est d'empêcher la détérioration naturelle d'une partie des neurotransmetteurs et leur action contribue à maintenir l'érection. Les médicaments donnent tout simplement un « coup de pouce » au processus normal de l'érection.

La durée d'action varie selon le produit choisi et tous permettent d'obtenir une érection en près de 30 minutes. Cela dit, ces médicaments ne sont pas des aphrodisiaques et l'homme doit être stimulé sexuellement pour qu'ils fonctionnent.

Ce ne sont pas non plus des médicaments magiques et ils ne règlent pas les problèmes de couple ou les troubles du désir. Un homme qui souffre du cancer de la prostate et qui ne se sent plus désirable – cela risque d'arriver s'il a une mauvaise perception de lui-même ou si la personne aimée ne le soutient pas comme il le faudrait – aura une libido réduite et les comprimés ne pourront pas vraiment être utiles.

La perte de libido peut également résulter de l'angoisse de performance (l'homme désire tellement réussir la relation sexuelle qu'il en perd tous ses moyens), d'une augmentation de la consommation d'alcool ou d'une dépression. Par ailleurs, si le patient suit une hormonothérapie, sa libido est altérée et les comprimés ne sont pas très susceptibles de faire de l'effet.

Chez les hommes qui ont subi une prostatectomie radicale, le Viagra, le Cialis et le Levitra sont efficaces à environ 45-50 %, efficacité qui est liée au degré de préservation des nerfs lors de la chirurgie (s'ils sont très endommagés, le médicament n'aura pas d'effet). Pour les hommes qui ont subi une radiothérapie (externe ou brachythérapie), leur efficacité atteint 45-50 % (dans ce cas aussi, les nerfs ont pu être très endommagés). Si ces médicaments ne donnent pas les résultats escomptés, le médecin pourra suggérer d'autres solutions. Quel que soit le traitement, bien des hommes devront prendre ces médicaments à vie.

LES AUTRES SOLUTIONS

Si le Viagra, le Cialis ou le Levitra ne font pas effet, le médecin peut se tourner vers le suppositoire urétral MUSE, les injections intracaverneuses, la pompe à vide ou, si rien d'autre ne fonctionne, les implants péniens. Sans oublier les méthodes dites «alternatives».

Le Medicated Urethral System of Erection (MUSE) est un mini-suppositoire de médicament de la taille d'un grain de riz qui contient de l'alprostadil et que l'on insère dans l'ouverture du pénis. On doit ensuite procéder à un léger massage de la verge pour accélérer l'absorption du produit et accroître son efficacité. Le produit aide les vaisseaux sanguins à se relâcher afin que le pénis s'engorge de sang et devienne rigide. L'érection survient automatiquement en moins de 20 minutes et dure en général moins d'une heure (qu'il y ait eu éjaculation ou non). Pendant cette période, le pénis peut rester en érection même si le rapport sexuel est terminé. Certains patients qui n'ont pas obtenu de résultats avec les médicaments oraux sont capables d'avoir des érections avec le MUSE.

Les injections intracaverneuses consistent à injecter sur le côté du pénis un médicament ou un mélange de médicaments (l'alprostadil, la papavérine ou la phentolamine). Sous l'action du produit, les vaisseaux sanguins se relâchent et l'organe s'engorge de sang. En moins de 15 minutes, même sans stimulation sexuelle, le pénis peut atteindre une rigidité complète qui durera entre une demi-heure et une heure en moyenne. Ce traitement est efficace dans 85 % à 90 % des cas, quelle que soit la cause du dysfonctionnement érectile. Il est donc plus efficace que le MUSE ou que les médicaments oraux, mais la plupart des hommes préfèrent, quand c'est possible, prendre un comprimé plutôt que de se faire une piqûre dans le pénis.

La pompe à vide (ou pompe externe) est un cylindre ouvert à une extrémité et relié par une tubulure à une pompe qui permet de faire le vide d'air. Une fois le pénis à l'intérieur de ce cylindre hermétique, le vide créé par la pompe attire le sang dans la verge. Une valve de sécurité permet de limiter la pression pour ne pas endommager les tissus. Cela entraîne une érection automatique en quelques minutes. Une fois l'érection obtenue, on la maintient en enfilant un anneau élastique pour serrer la base du pénis. L'anneau de compression ne doit pas être laissé en place plus de 30 à 45 minutes, sinon les cellules du pénis risquent de manquer d'oxygène et des caillots de sang peuvent se former. Les hommes qui ont appris à maîtriser cette technique estiment qu'elle est efficace à 80 %.

Les implants péniens sont des prothèses (des « tuteurs ») que l'on insère par chirurgie dans les corps caverneux du pénis. On trouve des implants semi-rigides (ou malléables) et des implants gonflables. Avec la prothèse semi-rigide, le pénis est toujours prêt à entrer en fonction puisqu'il est en semi-érection permanente (suffisante pour permettre la pénétration). Par contre, il est plus difficile à camoufler sous les vêtements, même si les tiges sont assez malléables. Les implants gonflables, eux, sont composés de deux cylindres (prothèses), d'un réservoir d'eau saline (qui fait office de sang) et d'une pompe hydraulique. Les cylindres sont insérés dans le pénis et le réservoir est placé par chirurgie dans l'abdomen. L'ensemble est relié à la pompe insérée dans le scrotum, par chirurgie également.

En activant manuellement la pompe, l'eau saline entre dans les cylindres et fait gonfler le pénis. Lorsque la relation sexuelle est terminée, il faut appuyer sur la valve de la pompe pour renvoyer le liquide dans le réservoir. De nos jours, on a recours aux implants quand toutes les autres méthodes ont échoué.

Certains hommes préfèrent recourir à des méthodes plus « naturelles ». On entend parler de divers produits qui peuvent, apparemment, aider les hommes à avoir une érection : l'androstanédione, la déhydroépiandrostérone (connue sous le nom de DHEA), le ginkgo biloba, la yohimbine, le ginseng, l'*Avena sativa*, le *Tribulus terrestris*, le *Turnera diffusa* et la L-arginine. Les études scientifiques sur ces substances sont rares et leur efficacité n'a pas été prouvée. Actuellement, seule la L-arginine (un acide aminé essentiel) semble vraiment prometteuse et les recherches se poursuivent à son sujet. Pour les

LA CONSULTATION D'UN SEXOLOGUE EST SOUVENT BÉNÉFIQUE

Un sexologue peut aider le patient et le couple à surmonter et à régler un problème d'origine physique ou à apprendre à vivre avec.

Par exemple, le sexologue peut aider les patients à intégrer le traitement médical (les médicaments oraux, le MUSE ou tout autre traitement) à la vie sexuelle lorsque l'homme n'est plus capable d'avoir d'érections de façon naturelle. Il les aide aussi à explorer d'autres facettes de leur sexualité, d'autres façons d'exprimer leurs sentiments amoureux. La sexualité peut prendre différentes formes et demeurer tout aussi épanouissante pour l'un et l'autre des conjoints. Ce qui importe, au fond, c'est que la relation sexuelle reste synonyme de communication, d'harmonie et de bonheur partagé

Lorsqu'il n'y a plus de libido à cause de l'hormonothérapie, le sexologue aidere le patient et le couple à assumer la situation afin d'éviter la souffrance, le découragement et la culpabilité.

autres produits, on ne dispose d'aucune donnée scientifique réellement intéressante.

▨ LE SOUTIEN DE LA FAMILLE

Lorsque le cancer survient, c'est toute la famille qui est bouleversée et désorganisée. Mais elle doit faire front commun pour soutenir le malade à tout instant. Au besoin, elle pourra trouver conseil et aide auprès d'un spécialiste, d'organismes communautaires ou de groupes d'entraide (*voir annexe*). Pour vaincre la maladie, l'homme a besoin du soutien indéfectible de ses proches.

De son côté, le patient a avantage à s'ouvrir à ses proches et à leur faire part de ses émotions et de ses craintes. Cela le soulagera, l'aidera à assumer ses sentiments et à les surmonter. S'ils se sentent concernés, les proches seront plus à l'aise pour offrir leur aide. Ce réconfort peut être extrêmement utile. Cela dit, c'est au patient de choisir ce qu'il désire ou non révéler. Un homme plutôt introverti de nature aura du mal à partager ses états d'âme. Il faut comprendre et respecter cette réalité.

AUCUN MALADE N'EST OBLIGÉ DE SE RÉSIGNER

Contrairement à ce qu'entendent trop souvent les patients, personne n'est tenu d'accepter sa maladie. Il sera déjà assez difficile d'apprendre à vivre avec elle. On peut reconnaître la présence du cancer, la nécessité des traitements et leurs effets secondaires. Pour le reste, il est difficile d'accepter de perdre la maîtrise de sa vie. Aucun malade n'est obligé de se résigner.

Une attitude combative, où le patient refuse de baisser les bras, est très souvent d'un grand secours pour le moral. C'est peut-être aussi la meilleure façon de faire face aux jours difficiles.

Évidemment, l'effet du traitement du cancer sur les rapports sexuels constitue une préoccupation courante. L'homme qui souffre d'un dysfonctionnement érectile ou qui n'a plus de libido peut craindre de voir son couple se désagréger et de perdre la personne aimée. En outre, s'il est très malade et s'il ne peut plus travailler, sa conjointe sera peut-être contrainte de combler le manque à gagner, tandis que lui-même devra passer plus de temps à l'hôpital. On voit que l'équilibre du couple peut rapidement se déstabiliser. Si les conjoints commencent à s'irriter mutuellement, une consultation psychosociale avec un spécialiste s'avérera sans doute une bonne solution.

Néanmoins, même si le cancer bouleverse le couple, il est rare qu'il le détruise lorsque la relation est solide. Un couple uni se donnera assez d'amour et, au besoin, trouvera une nouvelle façon d'exprimer sa tendresse et sa sexualité.

Chez les couples plus âgés, l'impact de la maladie se fera surtout sentir en raison des complications des traitements (comme l'incontinence urinaire) et du vieillissement, qui rendent plus difficiles les déplacements fréquents chez le médecin. Il arrive souvent que ces facteurs deviennent un fardeau difficile à supporter pour le conjoint.

▒ LE SOUTIEN PSYCHOSOCIAL SPÉCIALISÉ

Outre le médecin, le patient trouvera aide et réconfort auprès de l'équipe soignante (les infirmières, les technologues de radio-oncologie, les bénévoles, etc.). La plupart du temps, l'inquiétude du patient se résorbe au fur et à mesure que le traitement progresse et que le patient sait mieux ce qui l'attend.

Mais certains hommes supportent moins bien la situation et sont incapables de l'assumer. Ils risquent alors de se renfermer sur eux-mêmes, de s'isoler (pour éviter de parler de leur maladie ou de faire pitié), de baisser les bras, de faire une dépression et même de se tourner vers l'alcool. Certains vont jusqu'au suicide, mais c'est extrêmement rare. Les proches doivent rester attentifs aux comportements inhabituels, en parler au médecin traitant ou demander une consultation spécialisée. Le médecin peut aussi juger que son patient requiert un soutien particulier et lui conseiller de rencontrer quelqu'un. S'il en ressent lui-même le besoin, le patient ne doit jamais hésiter à consulter un spécialiste.

Mais qui rencontrer au juste ? Un psychiatre, un psychologue, un travailleur social ? Le premier intervenant devrait être un psychiatre. Puisqu'il a une formation médicale, il est capable de poser un diagnostic sur le problème psychosocial, d'évaluer s'il n'y a pas un trouble physique sous-jacent et de prescrire des médicaments. Par exemple, une dépression majeure est quelquefois causée par des métastases cérébrales et seul le psychiatre peut l'évaluer. En outre, le psychiatre a une vision globale de son patient et il peut l'aider sur bien des plans (physique et psychologique, par exemple).

Par ailleurs, les psychologues et les travailleurs sociaux sont des spécialistes qui peuvent apporter beaucoup de soutien (notamment quand la maladie a un impact sur le couple, la famille et la vie sociale). Ils peuvent intervenir seuls ou de concert avec le psychiatre.

Outre les cas plus problématiques, soulignons qu'environ 40 % à 45 % des hommes atteints d'un cancer de la prostate auront besoin d'une intervention psychosociale à un moment ou à un autre de leur cheminement.

Par exemple, il n'est pas rare qu'un homme ressente de l'angoisse à la fin de son traitement, quel qu'il soit. Il s'est bien acclimaté tout au long du traitement, il a eu des contacts réguliers et sécurisants avec son médecin et il a fini par reprendre le contrôle de son existence. Le jour où il apprend que le traitement est terminé, qu'il est en rémission et qu'il n'a plus besoin de venir voir son médecin pendant un certain temps, l'inquiétude peut refaire surface. Le patient a peur que sa maladie réapparaisse alors qu'il ne sera plus suivi d'aussi près par le médecin. Cette angoisse peut le ramener en consultation.

Il y a aussi les cas de récidive, l'apparition de métastases et de douleurs. Le psychiatre peut intervenir à chaque étape, notamment pour les douleurs résistantes aux analgésiques (douleurs de compression ou de destruction des terminaisons nerveuses, par exemple). Son arsenal thérapeutique comprend des médicaments que le médecin traitant n'a pas l'habitude d'utiliser (comme les antidépresseurs tricycliques, qui agissent aussi sur les douleurs). De son côté, un psychologue qui pratique l'hypnose ou des techniques de relaxation peut aider le patient à maîtriser ses douleurs.

Enfin, il y a les cas où le cancer ne peut plus être guéri. L'évolution de la maladie peut être courte ou longue et, éventuellement, conduire le patient aux soins palliatifs. Le psychologue ou le psychiatre n'ont pas toujours besoin d'intervenir – surtout lorsque le patient a accepté l'inéluctable et fait la paix avec lui-même. Dans certaines situations de révolte, cependant, une rencontre avec un spécialiste peut contribuer à l'apaisement. Le psychiatre peut aussi intervenir au moment où les douleurs métastatiques apparaissent, tel que cela a été mentionné plus haut.

DÉPASSER LA PUDEUR ET LA GÊNE

C'est bien connu, les hommes ont moins tendance que les femmes à consulter un spécialiste pour un problème psychologique. Ils ont plus de pudeur, ils sont plus renfermés et certains ont l'impression que rencontrer un spécialiste porte atteinte à leur masculinité. Et cela ne change pas vraiment avec l'âge.

Ce ne sont pas tous les hommes qui sont aux prises avec un cancer de la prostate qui auront besoin de l'intervention d'un professionnel. Environ 55 % à 60 % des patients parviennent à s'en passer. Quant aux autres, même s'ils trouvent cela difficile et gênant, ils ne doivent surtout pas hésiter à décrocher le téléphone pour prendre rendez-vous. Cela peut faire une grande différence pour leur qualité de vie pendant et après le traitement.

■ UNE AUTRE FORME DE SOUTIEN

En plus du médecin, de l'équipe soignante, de la famille, du psychiatre, du psychologue et du travailleur social, beaucoup d'autres personnes sont prêtes à aider les patients et les familles à surmonter l'épreuve du cancer de la prostate.

Il existe des organismes locaux et nationaux qui offrent des conseils sur la sexualité, un soutien psychologique, des soins à domicile et de l'aide pour les déplacements.

Quant aux groupes de soutien locaux, ils sont constitués de personnes atteintes du cancer. Pour bien des patients, le fait de pouvoir parler avec d'autres hommes qui sont aux prises avec le cancer de la prostate leur procure un grand bienfait. Cela peut apporter compréhension et encouragement.

Les hôpitaux et le médecin traitant peuvent fournir la liste des organismes locaux et nationaux, de même que les coordonnées des groupes de soutien. On peut aussi obtenir ces renseignements en contactant le Réseau canadien du cancer de la prostate (RCCP) ou la Société canadienne du cancer (*voir annexe*).

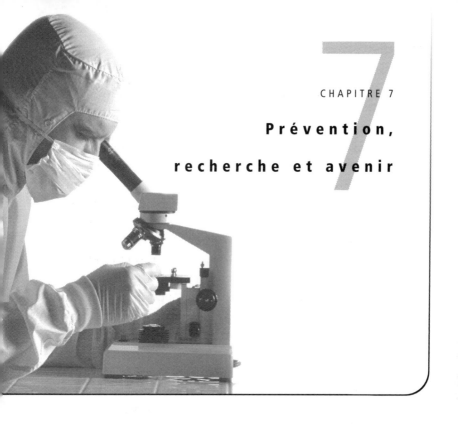

CHAPITRE 7

Prévention,
recherche et avenir

Ce chapitre aborde les conseils liés à la prévention du cancer de la prostate, conseils qui portent essentiellement sur l'alimentation et les suppléments nutritionnels. Il intéressera particulièrement les hommes qui ont des cas de cancer de la prostate dans leur famille ou qui présentent d'autres facteurs de risque. Ces recommandations découlent des connaissances scientifiques actuelles, lesquelles ne cessent de progresser. Il se peut donc qu'un jour les conseils que l'on trouve ici deviennent caduques ou qu'ils soient en contradiction avec les recommandations émises par d'autres médecins, diététistes ou organismes.

L'état de santé général et la présence d'autres maladies sont des éléments dont il faut tenir compte dans le calcul des besoins nutritionnels de chacun. Par conséquent, nous suggérons au lecteur d'en discuter avec son médecin avant toute modification de son régime alimentaire.

■ LA PRÉVENTION PAR L'ALIMENTATION

LES GRAISSES ANIMALES ET LA VIANDE ROUGE

Comme nous l'avons vu au chapitre 2, il existe un lien entre la consommation de graisses animales et de viande rouge et le risque de souffrir du cancer de la prostate.

Faut-il carrément bannir ces produits de son alimentation ? Non, il n'existe aucune recommandation scientifique à cet effet. On ne trouve pas non plus de lignes directrices sur les quantités maximales de graisses animales et de viande rouge qu'il convient de mettre dans son assiette chaque jour ou chaque semaine. La meilleure chose que l'on puisse suggérer, c'est de choisir des viandes maigres, de réduire la taille de ses portions de viande rouge et de manger un peu plus de volaille, de poisson et de légumineuses.

D'autre part, soulignons que les produits laitiers contiennent eux aussi une quantité appréciable de graisses d'origine animale. Il pourrait donc être prudent de réduire sa consommation de produits laitiers riches en matières grasses. Mieux vaut choisir des produits allégés (fromages, crème sure et yogourt faibles en matières grasses). Il est aussi suggéré de consommer du lait écrémé ou à 1 %, ou, encore, d'opter pour une boisson à base de soya (*voir la sous-section « Les produits du soya »*). Quant au beurre, on peut le remplacer par de la margarine non hydrogénée, qui est moins dommageable pour le cœur.

Que penser des autres sources de matières grasses, comme la friture, le fast-food, les chips et les pâtisseries ? Pour l'instant, aucune preuve scientifique n'indique qu'elles peuvent constituer un risque de cancer de la prostate. Les recherches se poursuivent sur ce sujet et il n'est pas impossible que les chercheurs finissent par établir un lien. De toute façon, ces matières grasses sont très néfastes pour la santé cardiaque et mieux vaut les éviter.

LE LYCOPÈNE

Le lycopène, ce pigment qui donne leur couleur rouge aux tomates, est un antioxydant qui semble protéger contre le cancer de la prostate (*voir l'encadré «Que sont les antioxydants?»*). Plusieurs études attestent que le lycopène pourrait jouer un rôle dans la prévention du cancer de la prostate.

On s'est aperçu que des hommes qui sont atteints de ce cancer ont un faible taux de lycopène dans le sang et dans les tissus prostatiques. De surcroît, des recherches ont permis de constater que, chez les hommes qui consomment plus de 10 portions de tomates cuites par semaine (une portion = une tasse de sauce tomate), l'incidence du cancer de la prostate est réduite d'un tiers. Les tomates cuites (soupe, pâte de tomate, sauce à spaghetti) sont une meilleure source de lycopène que les tomates fraîches puisque la cuisson libère ces pigments des cellules de la tomate et facilite leur

LES ANTIOXYDANTS, QU'EST-CE QUE C'EST ?

Les antioxydants sont des molécules naturelles qui neutralisent les radicaux libres. L'excès de radicaux libres altère les cellules et les tissus et entraîne leur vieillissement accéléré (c'est ce qu'on appelle l'oxydation). Les radicaux libres sont liés au cancer, dont celui de la prostate (*voir l'encadré « Les radicaux libres, qu'est-ce que c'est ? » au chapitre 2*).

Les antioxydants – essentiellement des vitamines et des oligoéléments – réagissent avec les radicaux libres pour les rendre inoffensifs. De nombreux aliments ont des propriétés antioxydantes. Il s'agit surtout des fruits et légumes (poivron, citron, orange, kiwi, chou, papaye, fraise, tomate, etc.) et de l'ail, de même que de plusieurs vitamines et de certains minéraux, comme le sélénium, le zinc et le cuivre, tous trois présents dans les fruits de mer, notamment.

Pour le moment, on a pu prouver que le pouvoir antioxydant des tomates rouges, de l'ail, de la vitamine E et du sélénium a des effets bénéfiques dans la prévention du cancer de la prostate.

absorption dans le sang lors de la digestion. L'organisme en emmagasine donc davantage.

En ce qui concerne les tomates fraîches – qui ne bénéficient pas des effets de la cuisson –, on recommande de les servir avec de l'huile (en vinaigrette, par exemple). Pour quelle raison ? Parce que le lycopène est liposoluble, ce qui signifie que l'organisme absorbe plus de lycopène lorsque celui-ci est ingéré avec un peu d'huile. Il faut de préférence utiliser de l'huile d'olive, car elle est riche en acides gras monoinsaturés, qui sont bons pour la santé cardiaque et peut-être même pour la prévention des cancers. L'huile de colza est une autre option. Ici aussi, les bienfaits du lycopène se manifestent chez les hommes qui consomment plus de 10 portions par semaine de tomates fraîches (une portion = une tomate moyenne).

On retrouve aussi du lycopène dans la pastèque, la goyave, la papaye et les abricots frais, mais en concentration moins élevée. On trouve sur le marché des suppléments de lycopène, que l'on peut consommer à raison de 30 mg à 60 mg par jour. L'efficacité de ces suppléments n'a pas été étudiée.

L'AIL ET SES DÉRIVÉS

On prête bien des vertus à cette plante et on a constaté qu'elle a aussi des propriétés antioxydantes qui protégeraient contre le cancer de la prostate. On a observé que les hommes qui mangent régulièrement des aliments contenant de l'ail présentent un risque réduit de moitié de développer un cancer de la prostate. Une gousse d'ail par jour est la dose recommandée.

Par ailleurs, l'ail est une excellente source de sélénium, qui est aussi un antioxydant extrêmement intéressant dont nous parlerons un peu plus loin dans ce chapitre.

Par ailleurs, l'ail contient des enzymes qui peuvent faciliter l'élimination des composés chimiques qui augmentent les risques de cancer. Des chercheurs se sont rendu compte que le fait de laisser reposer de l'ail frais pendant une quinzaine de minutes après l'avoir haché ou écrasé active ces enzymes. Ils se sont également aperçu que l'ail rôti « en chemise » (sans l'éplucher) les détruit. La valeur des suppléments d'ail n'est pas connue.

L'ail appartient à la famille des alliacés, qui comprend aussi la ciboulette, le poireau et l'échalote. Les propriétés protectrices de ces légumes n'ont pas encore été étudiées.

LES PRODUITS DU SOYA

Les Asiatiques vivant en Asie présentent un des taux de cancer de la prostate les plus faibles au monde. Il est possible que leur alimentation pauvre en graisses animales et riche en soya contribue à les protéger. Le soya est une légumineuse semblable au haricot et dont les graines sont comestibles. Selon certains chercheurs, le soya contient des ingrédients qui joueraient un rôle important dans l'arrêt de la croissance des tumeurs de la prostate.

Les ingrédients en question sont les isoflavones, surtout la génistéine. Les isoflavones sont des phyto-œstrogènes (« phyto » signifie « plante »), c'est-à-dire qu'elles agissent comme des œstrogènes en inhibant la production de testostérone (rappelons qu'un taux élevé de testostérone est lié au cancer de la prostate).

Des recherches portant sur la nutrition indiquent que la consommation de lait de soya (plus d'un verre par jour) pourrait aider à réduire les risques de cancer de la prostate.

Les autres produits du soya sont le tofu et le tempeh (deux substituts de la viande), le miso (pâte de soya fermentée, souvent ajoutée aux soupes), la poudre de soya (utile pour cuisiner ; on en fait aussi des boissons rafraîchissantes) et la sauce tamari (sauce noire faite de soya). Leur efficacité n'a toutefois pas été testée.

Deux portions de produits du soya par jour (une portion équivaut, par exemple, à une tasse de boisson à base de soya ou à 100 g de tofu) apportent l'équivalent de 40 mg d'isoflavones, soit la quantité recommandée par certains chercheurs. On peut aussi prendre des suppléments de protéines de soya, en poudre ou en boisson prémélangée.

LE CALCIUM

Un apport diététique adéquat de calcium est essentiel pour former et conserver des os solides, mais des découvertes récentes ont révélé qu'une consommation excessive de calcium pourrait accroître le risque de cancer de la prostate. En fait, des études de population ont montré que les très grands consommateurs de produits laitiers (qui absorbent plus de 2000 mg – soit plus de 2 g – de calcium par jour) souffrent davantage du cancer de la prostate.

Cela dit, il n'existe aucune recommandation officielle quant à la quantité de calcium qu'il faudrait consommer. Avant de modifier son apport en calcium, il est vivement conseillé d'en discuter avec son médecin.

LES ACIDES GRAS OMÉGA 3

Ces nutriments aident à maintenir la prostate en bonne santé et contribuent à réparer les tissus. Des chercheurs ont pu stopper en laboratoire la croissance de cellules de cancer de la prostate humaines à l'aide des acides gras oméga 3.

On trouve surtout ces acides dans les poissons gras (truite, saumon, thon blanc, anchois et sardines), les graines de lin et leur huile, les graines de chanvre et leur huile, les noix (surtout les noix de Grenoble) et les produits enrichis en oméga 3 (œufs, lait, céréales aux graines de lin, etc.). La plupart des nutritionnistes suggèrent de consommer du poisson de deux à trois fois par semaine.

▥ LA PRÉVENTION PAR LES SUPPLÉMENTS NUTRITIONNELS

LA VITAMINE E

La vitamine E est l'un des antioxydants les plus prometteurs dans la lutte contre le cancer de la prostate. Une étude menée au Royaume-Uni pour savoir si la vitamine E pouvait prévenir le cancer du poumon chez les fumeurs a montré que le nombre de cas de cancer de la prostate chez les participants a diminué d'environ 50 % (par contre, il n'y a pas eu d'effet bénéfique pour le cancer du poumon). Les scientifiques étudient actuellement la quantité exacte de vitamine E nécessaire pour prévenir le cancer de la prostate (il semble qu'il y aurait aussi des différences entre la vitamine naturelle et la vitamine synthétique).

La vitamine E se retrouve notamment dans les germes de blé, dans des huiles telles que celles de tournesol, de carthame et d'arachide, dans les noix et dans certains légumes verts (épinards, asperges, etc.). On peut également prendre une dose de 200 à 400 UI (unités internationales) de cette vitamine en supplément. Prise en trop grande quantité, la vitamine E est l'une des rares vitamines qui peut s'accumuler dans l'organisme et avoir des effets néfastes (dont l'hypertension, la faiblesse musculaire et même l'embolie pulmonaire).

Attention : les hommes qui prennent des médicaments pour éclaircir le sang (anticoagulants) ne devraient pas prendre de vitamine E sans en parler d'abord avec leur médecin. En effet, cette vitamine peut augmenter l'effet anticoagulant et accroître le risque d'hémorragie.

Aux États-Unis, les National Institutes of Health (NIH) ont récemment entrepris une vaste étude préventive appelée SELECT qui porte sur 32 000 hommes et qui doit durer 12 ans. Son objectif est de vérifier l'impact de la vitamine E et du sélénium sur la santé. Pour en savoir plus sur l'étude SELECT, on peut contacter la Société canadienne du cancer.

LA VITAMINE D

Des études de laboratoire montrent que la vitamine D peut inhiber la croissance des cellules du cancer de la prostate. Une exposition au soleil d'une quinzaine de minutes chaque jour (mains, bras et visage sans protection solaire) stimule l'organisme à produire la quantité nécessaire de vitamine D. Sinon, on peut envisager de prendre des suppléments de vitamine D – à raison de 400 UI par jour (cela est nécessaire durant la saison froide parce que le soleil est moins présent). Le saumon, le maquereau, les sardines et le thon sont les meilleures sources alimentaires de vitamine D (en plus, notamment, des acides gras oméga 3). Le lait est enrichi de vitamine D (choisir de préférence un lait faible en matières grasses), tout comme beaucoup de boissons à base de soya et certains yogourts fabriqués à partir de lait enrichi. Les œufs sont aussi une source de vitamine D.

LE SÉLÉNIUM

Le sélénium est un minéral antioxydant qui pourrait avoir un effet bénéfique dans la prévention du cancer de la prostate. En effet, plusieurs recherches indiquent que le sélénium fait sensiblement diminuer les risques de développer ce cancer.

On trouve du sélénium dans les abats, les fruits de mer, la viande (choisir les coupes maigres de préférence), la volaille, les œufs, certains produits céréaliers, l'ail et les noix (surtout la noix du Brésil).

On peut aussi prendre du sélénium sous forme de supplément. Actuellement, l'apport nutritionnel recommandé pour les hommes est de 70 microgrammes (0,07 mg) par jour.

Attention : une trop grande consommation de sélénium (plus de 200 microgrammes par jour) est nocive et peut notamment entraîner une éruption cutanée, une irritation des voies respiratoires et même des convulsions.

QUE FAUT-IL PENSER DES MULTIVITAMINES ?

Le fait de prendre des multivitamines – qui renferment toutes ou à peu près toutes les vitamines et même du sélénium – est-il une bonne façon de combler ses besoins en vitamines ?

Non. Les études sur le cancer de la prostate qui mettent en évidence les bienfaits des vitamines D ou E, par exemple, ont été faites sur des vitamines prises individuellement, pas sur les vitamines contenues dans les multivitamines. Il vaut donc mieux s'en tenir à des produits séparés. Par ailleurs, quelqu'un qui a besoin de vitamine D n'a peut-être pas besoin de vitamines A, B ou C.

▓ LA PRÉVENTION PAR LES MÉDICAMENTS

À l'heure actuelle, il n'existe aucun médicament que l'on puisse prescrire pour prévenir le cancer de la prostate, mais il semble que ce sera
bientôt le cas. Une étude vient en effet de montrer que le finastéride
– un médicament qui contrôle le métabolisme des hormones et qui est

POUR LE RESTE, TOUT N'EST QUE SPÉCULATION !

Certaines personnes croient que le zinc, le thé vert, les sulfora-
phanes (un groupe de composés que l'on trouve dans les légumes
de la famille du chou) sont bénéfiques pour prévenir le cancer de la
prostate du fait de leurs propriétés antioxydantes. Rien ne le
prouve pour l'instant, mais les recherches se poursuivent.

Il en va de même pour les suppléments de mélatonine,
de cartilage de requin et de palmier nain. On soupçonne que ces
derniers pourraient avoir des propriétés anticancéreuses, mais on
ne sait pas exactement lesquelles. Par conséquent, il est beaucoup
trop tôt pour tirer des conclusions et émettre des
recommandations.

Le PC-SPES (*Prostate Cancer Spes*) est un mélange de huit herbes
– isatis, chrysanthème, réglisse, pseudoginseng, polypore lucide,
palmier nain, scutellaire et *Rabdosia rubescens* – qui gagne en
popularité auprès des hommes atteints du cancer de la prostate.
On croit que ce mélange pourrait faire diminuer le taux d'hormones
mâles – dont la testostérone –, qui sont associées à ce cancer.
Mais rien n'est prouvé et on soupçonne même le PC-SPES de
provoquer des effets secondaires importants, comme le
dysfonctionnement érectile et des problèmes cardiovasculaires.

La seule recommandation valable que l'on puisse émettre à
propos de tous ces produits, c'est d'en parler à son médecin avant
de les acheter.

utilisé dans le traitement de l'hypertrophie bénigne de la prostate – peut réduire le risque de cancer de la prostate. L'étude n'est pas entièrement terminée, mais ce qu'on sait déjà est extrêmement prometteur et a été publié en 2004 dans le prestigieux *New England Journal of Medicine*.

L'étude Prostate Cancer Prevention Trial (PCPT) a duré sept ans et a suivi, aux États-Unis, plus de 18 000 hommes de 55 ans et plus exempts de tous signes et symptômes de cancer de la prostate. Un groupe prenait du finastéride (Proscar), l'autre un placebo. On a découvert que le finastéride a réduit de 25 % le risque de cancer de la prostate chez les hommes. De plus, les bénéfices étaient semblables chez ceux qui avaient des antécédents familiaux de la maladie et chez ceux qui n'en avaient pas. Toutefois, une partie des hommes qui ont développé la maladie ont eu un cancer qui semblait de prime abord plus agressif. Des analyses sont en cours pour expliquer ces résultats.

L'étude PCPT est d'une importance capitale, car c'est la plus vaste jamais réalisée dans le domaine du cancer de la prostate et c'est la première fois que l'on trouve un moyen de réduire l'incidence de cette maladie. D'autres études devront être menées pour prouver hors de tout doute l'efficacité du finastéride. Ce médicament pourrait ainsi devenir une option pour tous les hommes qui veulent être proactifs dans la prévention du cancer de la prostate.

■ LA PRÉVENTION PAR LE MODE DE VIE

On soupçonne que le manque d'activité physique pourrait être un facteur de risque du cancer de la prostate. Mais, pour l'instant, on n'en sait guère plus. Il est donc encore trop tôt pour émettre des recommandations précises à ce sujet. Cela dit, l'activité physique est bénéfique pour la santé en général et elle aide à prévenir bien des maladies.

Par ailleurs, comme l'obésité semble être elle aussi un facteur de risque, les hommes ont intérêt à maintenir ou à atteindre un poids santé. L'obésité n'est jamais souhaitable.

L'homme qui est atteint d'un cancer de la prostate a avantage à adopter une alimentation équilibrée, riche en fruits, en légumes et en grains entiers, et faible en matières grasses. Il lui est aussi recommandé de faire régulièrement de l'activité physique, selon ses capacités. Ces habitudes de vie ne pourront peut-être pas guérir son cancer, mais elles pourront peut-être réduire sa vitesse de progression et aider à prévenir les problèmes cardiovasculaires (qui sont la principale cause de décès chez les hommes qui survivent au cancer de la prostate).

▨ CE QUE NOUS RÉSERVE L'AVENIR

Des recherches se poursuivent pour identifier les facteurs alimentaires, environnementaux et héréditaires liés au cancer de la prostate. Les hommes qui désirent participer à ces études peuvent en parler avec leur médecin de famille ou avec leur urologue, ou, encore, s'informer auprès de la Société canadienne du cancer.

La valeur du dépistage (toucher rectal et test de l'APS) est actuellement étudiée aux États-Unis et en Europe. Les chercheurs veulent savoir exactement à quel point le dépistage réduit le taux de mortalité par cancer de la prostate. Ce sont là des études qui prennent du temps, de sorte que les résultats ne seront pas connus avant 2010 ou même 2015.

Certaines recherches essaient d'identifier les marqueurs (ou éléments) biologiques qui aideront à mieux distinguer les cancers qui progresseront rapidement et ceux qui évolueront lentement. Ces renseignements permettraient d'adapter les traitements selon les besoins réels.

Par ailleurs, les chercheurs s'intéressent de très près à la génétique. S'il était possible de découvrir les gènes qui sont responsables de l'apparition du cancer de la prostate, on pourrait sans doute identifier à l'avance les porteurs de ce gène, avant même que la maladie n'apparaisse. On pourrait de ce fait mettre au point des médicaments plus spécifiques et plus efficaces. Ce serait un pas de géant. Or, grâce aux connaissances actuelles sur le génome humain, on peut dire que ces découvertes sont à notre porte.

Qui plus est, diverses avenues sont étudiées un peu partout dans le monde pour traiter différents stades du cancer de la prostate : les ultrasons (focalisés sur la prostate, ils dégageraient de la chaleur qui détruirait le tissu tumoral), la protonthérapie (une autre forme de radiothérapie), les vaccins, des inhibiteurs de l'angiogenèse (qui empêcheraient le cancer de créer des vaisseaux pour se disséminer), la thérapie antisens (qui consisterait à introduire dans le gène une substance qui interdirait à la cellule cancéreuse de se multiplier), etc. Ces traitements potentiels sont également étudiés pour d'autres types de cancer.

Beaucoup de ces recherches en sont aux stades préliminaires et il faudra encore de nombreuses années avant que de nouveaux traitements puissent être offerts aux patients. Du fait du vieillissement de la population, le cancer de la prostate préoccupera de plus en plus les scientifiques et il faut s'attendre à une expansion soutenue des activités de recherche.

ADRESSES UTILES

**Fondation canadienne de recherche
sur le cancer de la prostate**
145, rue Front Est, bureau 306
Toronto (Ontario)
M5A 1E3
Téléphone : (416) 441-2131
Sans frais : 1 888 255-0333
Télécopieur : (416) 441-2325
Courriel : info@prostatecancer.ca
Site Web : http://www.prostatecancer.ca

**Réseau canadien
du cancer de la prostate**
B.P. 1253
Lakefield (Ontario)
K0L 2H0
Téléphone : (705) 652-9200
Sans frais : 1 866 810-CPCN (2726)
Télécopieur : (705) 652-0663
Courriel : cpcn@nexicom.net
Site Web : http://www.cpcn.org

Société canadienne du cancer
Bureau national
10, avenue Alcorn, bureau 200
Toronto (Ontario)
M4V 3B1
Téléphone : (416) 961-7223
Télécopieur : (416) 961-4189
Courriel : ccs@cancer.ca
Site Web : http://www.cancer.ca

Bureau provincial
5151, boul. de l'Assomption
Montréal (Québec)
H1T 4A9
Téléphone : (514) 255-5151
Télécopieur : (514) 255-2808
Courriel : webmestre@quebec.cancer.ca

SITES INTERNET PERTINENTS

**Association canadienne
d'urologie**
http://www.cua.org

**Association des urologues
du Québec**
http://www.auq.org

**Conseil canadien sur les maladies
de la prostate**
http://www.canadian-prostate.com

**Groupe canadien d'oncologie
urologique**
http://www.cuog.org

ProCure alliance
http://www.procure.ca/

**Site de renseignements à
l'intention des patients atteints
de cancer de la prostate**
http://www.prostateinfo.com

Halte au cancer de la prostate

Alliance ProCURE tient à remercier
les auteurs de ce livre pour nous en
avoir autorisé la diffusion ainsi que
sanofi-aventis pour la rendre
généreusement exempt de tout frais.
Les propos tenus dans cette
publication sont ceux des auteurs.

Alliance ProCURE
2001, avenue McGill College, bureau 230
Montréal (Québec) H3A 1G1

1 866 899-CURE
Courriel : info@procure.ca

www.procure.ca

Organisme de charité enregistré 86394 4955 RR0001